書名：大六壬尋源二種（下）
系列：心一堂術數古籍珍本叢刊　三式類　六壬系列
作者：〔清〕張純照　纂注

主編、責任編輯：陳劍聰
心一堂術數古籍珍本叢刊編校小組：陳劍聰　素聞　梁松盛　鄒偉才　虛白盧主

出版：心一堂有限公司
地址／門市：香港九龍尖沙咀東麼地道六十三號好時中心LG 六十一室
電話號碼：+852-6715-0840
網址：www.sunyata.cc
電郵：sunyatabook@gmail.com
網上書店：http://book.sunyata.cc
網上論壇：http://bbs.sunyata.cc/

版次：二零一四年二月初版
平裝：兩冊不分售

港幣　三百八十元正
定價：人民幣　三百八十元正
新台幣　一千三百八十元正

國際書號：ISBN 978-988-8266-49-4

香港及海外發行：香港聯合書刊物流有限公司
地址：香港新界大埔汀麗路三十六號中華商務印刷大廈三樓
電話號碼：+852-2150-2100
傳真號碼：+852-2407-3062
電郵：info@suplogistics.com.hk

台灣發行：秀威資訊科技股份有限公司
地址：台灣台北市內湖區瑞光路七十六巷六十五號一樓
電話號碼：+886-2-2796-3638
傳真號碼：+886-2-2796-1377
網路書店：www.govbooks.com.tw
www.bodbooks.com.tw
經銷：易可數位行銷股份有限公司
地址：台灣新北市新店區寶橋路二三五巷六弄三號五樓
電話號碼：+886-2-8911-0825
傳真號碼：+886-2-8911-0801
email：book-info@ecorebooks.com
易可部落格：http://ecorebooks.pixnet.net/blog

中國大陸發行・零售：心一堂書店
深圳地址：中國深圳羅湖立新路六號東門博雅負一層零零八號
電話號碼：+86-755-8222-4934
北京地址：中國北京東城區雍和宮大街四十號
心一店淘寶網：http://sunyatacc.taobao.com

尹希吉先生原本

審象精蘊 上

利首

癸圃老人增補

晴雨

吉凶神煞

陽煞　陰煞　風伯　雨師　雷煞　雨煞

八妖　九焦　月空　月鬼　天火　地火

火神　火怪　光怪　生氣　元武　刼煞

熒煞　月煞　火鬼　風煞　天燭　太陰

晴朗煞

占法

久晴則欲雨久雨則欲晴而天道不可測也於是晴

雨之占有焉占之何 如亦曰稽之類神准之課傳以火神所臨之辰爲晴期以水神所臨之辰爲雨期而已

何謂稽之類神

子爲雲爲江湖水神 丑爲雨師 寅爲風伯 卯爲雷震 辰爲霧 巳爲虹電 午爲雷母爲晴 未爲風伯 申爲水母 酉爲陰 戌爲雲 亥爲雨水天河之類是也

天乙爲陰 螣蛇爲電 朱雀爲行火招風之神

六合爲雨師　勾陳爲興雲之神　青龍爲甘雨之師　天空爲霾霧　白虎爲霰爲雷爲電爲凍爲大風　太常爲養物之雨潤氣之風　元武爲苦雨之神　太陰爲霜雪爲冰凍　天后爲陰爲霧爲霖爲雨之類是也

何謂準之課傳

炎上主晴而值空亡者反雨　潤下主雨而值空亡者反晴　曲直主風而空亡則朽矣木朽則火焚主無風而晴　稼穡主陰而空亡則崩矣土崩則金現

主不陰而風（金風須息）從革主雨而登亡則鳴矣金鳴則不化主不雨而風　日上神屬火而貴人又火則主晴若日克日上神反雨（如日上神是午又乘朱雀主晴也若日為亥則水能克火）（反雨制水反主晴矣）伏吟無丁馬則晴雨照舊反吟不遇登亡則晴雨變易　三傳午戌傳寅則晴若寅午傳戌則不晴（寅為火長生戌為火墓也）三傳自子辰傳申則雨若子申傳辰則無雨（申為水長生辰為水墓也）三傳火土地下是為未濟主晴　三傳水上火下是為既濟主雨　三傳屬火而貴人或火或土主大晴而且熱　三傳屬水而貴人

或水或金主大雨而且霧亦雌大風揚塵霧土從上下也三傳皆土主晴　三傳皆金主雨　日克傳主晴　傳克日主雨

三傳水神空主晴　三傳火神空主雨三傳之內有水火神見而落空亡者　初傳巳午乘雀蛇主晴　初傳亥子乘元陰主雨　課傳純陽主晴　課傳純陰主雨之類是也

何謂以火神所臨之辰爲晴期

蓋久雨欲晴而課傳有晴占矣乃視巳午所臨之辰而知其何日晴也巳午加子則子日晴之類其久晴當視火神旺相休囚

何謂以水神所臨之辰爲雨期

蓋久晴欲雨而課傳有雨占矣乃視亥子所臨之辰而知其何日雨也（如亥子加午則午日爲雨之類）其多寡當視水神旺相休囚

若三傳俱陽又在天乙前而水神不見青龍不入傳者雖久晴而無雨期名曰旱矣　三傳俱陰又在天乙後而火神不見朱雀不傳者雖久雨而無晴期名澇矣　大概蛇雀勾空與火神得地而不受剋者爲晴　龍虎陰合與水神作用而兼刑冲者爲雨此晴

雨之正占也　若元武乘龍虎則失之偏　專視魁罡則失之小一說魁罡加孟晴加仲陰加季雨　雀飛龍躍者晴雀在上龍在下龍升雀伏者雨龍在上雀在下則失之巧　元武乘亥者雨朱雀乘午者風謂穴居知雨元乘亥穴是雨徵巢居知風雀乘午巢居是風徵則失之奇　他說如燥皆所不取至於早晴而晚雨者發用火土而末傳青龍乘水神也早雨而晚晴者發用金水而末傳天空乘土神也日日陰而不晴者發用朱雀乘午而即爲下神所克與中末傳克之也雲簇而不雨者發用天后乘子而即爲下神所克與

中末傳克之也　風雲雨大作者寅申龍虎互乘而子丑亥相加也　雷雹雨大作者巳午雀合並現而子卯亥相加也類神偏勝則有其一而无其一（如卯多則雷震而不雨子多則雲盛而不雨）類神交并則欲乎此而得乎此（如欲晴而巳午蛇雀交并欲雨而亥子龍后交并也）此晴雨之附占也

白虎乘申酉者雪占也而陰勾虎并則霰（觀三傳也）子加辰蛇則微大陰寅并則厚（觀發用也）寅申臨日辰者風占也而太常乘木則和（亦觀初傳）虎乘寅卯與申未旺相則大虎乘天罡與八妖克日則怪　申酉旺相而子巳

相加者霜占也　子酉乘元而火多水少者水占也
終卒或寅酉用乘陰者寒凍占也　水少火土勝
用乘虎者雨雹占也　更有亥子乘元后而被下神
克者陰占也　用土乘六合而土上火下者霧占也
總此皆占晴雨而推類者所當知也
然亦有歲占何月雨者月將加太歲而以亥子辰所
臨之月爲雨月也
月占何日雨者月將加時而以亥壬辰所臨之日爲
雨日也

合日占明日晴雨者月將加時而視明日支上之神是遇支上屬火乘火神晴屬水乘水神雨之類倒而求之時刻可定晴雨之占無餘蘊矣

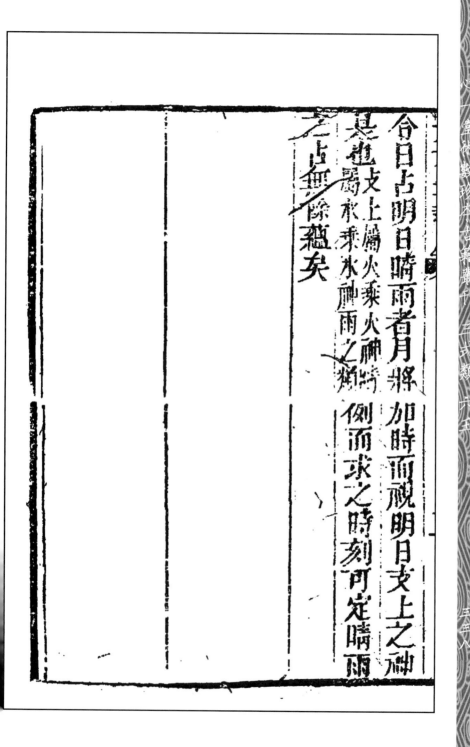

占婚姻

所宜吉神

天德　月德　德合　六合　三合　喜神

無翹　五富　玉宇　金堂　聖心　益後

續世　陽德　歲德　吉期　成神　會神

天喜　生炁　天恩

所忌凶神

刼煞　災煞　歲煞　讒語　死氣　死神

桃花　歸忌　月祭　月煞　大時　大敗

五虛 天獄 厭對 游禍 孤神 寡宿
奸門 奸淫 邪神 奸神

占法

婚姻所係重矣而男女未必其何如也成否未必其何如也於是有男女之占有成否之占然婚姻之求也必先於男故擇婦之占尤當詳之

何謂男女之占

青龍男也夫也天后女也妻也日陽也男也支陰也女也如青龍旺相則男爲佳兒天后旺相則女爲佳

青龍之陽神上乘天乙則男為貴客如以將卯陰庚申日占酉遇天申而龍之陽乃申也庚日干是貴人太常化貴矣太后之陰神上乘太常則女為貴類如申將巳時下酉日占后乘子后之陰神乃卯子也卯乘常為后化常矣青龍所乘之神生后或與后比和則男益乎女天后所乘之神生龍或與龍比和則女助乎男此以龍后而占男女之何如也如課傳中見此例卽眞如男家擇女而見后或女家擇男而見龍亦用此例日上神旺相則男吉辰上神旺相則女吉日上神乘天乙則男貴辰上神乘太常則女貴日上神生辰上神或比和則男女相得辰上神生日上神或比

和則女與男相得日之陰神旺相則男家富辰之陰神旺相則女家富此以日辰而占男女之何如也若夫龍后所乘之神刑沖克害而不相合或落空亡而見孤寡日辰上之神刑沖破害而不相合或落空亡而乘惡神兼之龍所乘神克后與日上神克辰者則爲妨婦之男后所乘之神克龍與辰上神克日者則爲損夫之婦皆所不當議者

問婚成否之占

日上辰上神比和而三傳三合申子辰類六合子與丑德合之類

合甲德在寅時合巳日發發用亥類用寅類之者龍后所乘之神與日上辰上之乃為而無刑沖破害者男占重辰上夕占重日上也六合所乘之神與龍后所乘之神比和而無刑沖破害者合媒此男占重后女占重龍也發用龍合乘卯寅者發用子加丑乘太常者三傳比和相生乘吉將而非空亡刑害者初男末女中媒欲其比和相生也三傳成神喜神並見又乘龍合常后者緣傳俱吉而斗罡加仲加季者天后神后入傳與日支干爲三合六合者或日克合或辰克合以六合所乘論日克合則男着緊辰克合則女着緊皆婚姻成就之占也而成就之期則遠者

男以龍之陰神爲成女以后之陰神爲成年也近者視龍后之陰神而定其月又近者則視龍后之陰神而定其日也至於出嫁之日則太吉所臨之辰是其期矣

若日上辰上刑沖破害而不相合者龍后六合所乘之神與后日刑冲破害者干支上下之辰相克或日上神克支上神支上神克日上神者三傳相刑而白虎發用者天空空亡發用者日干克天后或天后克日干者或天后所乘神剋日日克后女不肯后克男不肯日生三傳后合不

見占男女行年上神刑沖破害相克者課傳不甚吉而斗罡加孟者男家占而日財空亡女家占而日官空亡者男以日財爲妻女以日官爲夫皆婚姻不成之占也

何謂詳於擇婦

第一當占女之邪正如四課俱全辰上神旺相三傳吉辰良將者正四課陰不備傳見六合乘亥卯未酉與天罡乘太陰者邪女子命上神爲日之官乘天乙太常與日德支德者正女子命上神爲神后乘元陰與桃花煞者邪

第二當占女之情性如女子命上神屬水則智慧若乘惡神或下克則詭詐輕淫屬火則亢直若乘惡神或下克則好殺貪慾屬土則持重若乘惡神或下克則愚頑自用若不知女子年命者則以天后所臨地盤之辰照前例推之

第三當占女之妍醜如四課支上神乘貴則貴重美好乘蛇有病面多紅色乘雀有口疾如雀在巳午能文在亥子麻面在寅卯中髮少在辰戌丑未則雀子斑乘六合姣好乘勾粗短乘龍美而青[illegible]秀六[illegible]而陰[illegible]乘虎[illegible]惡乘常好而能飲乘元

醜而逸兼陰后俱美好如支上神爲支之六害必有殘疾面目四肢以類神決之如亥爲頭戌爲足之類而大概知其姸者天后神后入課而旺相也大概知其醜者發用于加巳或加四季與女子命上神見魁罡也

第四當占女子有子與否以太乙加女之本命而生日上神爲陽則主有子生月下神爲陰則主無子六合與命相生者有子六合與命相克者無子三傳爲日之傷食者有子三傳爲日之父母者無子子臨命上則先女而後男午臨命上則先男而後女也

第五當占女之入門吉凶以月將加婦入門之正時視天后所乘之神傷日之本則公婆病日本即日之卯如甲日木是日本乘土則傷傷青龍則夫殘傷六合則男女少傷六畜之本則六畜灾如酉雞亥猪之類蚕亦從午猫亦從寅之類傷財則財退此而相生則隨其類而得其助矣

他如日上神乘天后支上神乘六合是未娶而先通也傳課循環六合三合是因親而致親也日臨辰上男就女家也辰臨日上女就男家也子加申酉加寅男有二婦申加子寅加戌則女有二夫巳亥相加發

用主兩心不定六合乘神克后主强横奪妻

課體所喜三光六儀元胎三陽連茹高蓋

課體所忌狡童泆女無淫八專孤寡絕嗣亦當消息而神明焉

更有三四女子之當求未知何女爲勝以月將加時而據女子所住之處視天后所乘之神如女子居西北屬亥亥水也天后所乘之神與申則宜否則不宜更有聞媒人之議合而未必其言之虛實則月將加時而據六合所臨之神以孟仲季觀之臨孟實臨仲半虛臨季全虛婚姻之占備矣

占胎產

所宜吉神

天德 月德 德合 驛馬 喜神 普護

聖心 天願 續世 益後 歲德 生氣

龍德 天喜 六合 天恩 解神 胎神

所忌凶神

月厭 血忌 血支 浴盆 死神 死氣

三殺 昏迷 産殺 病符 白虎 女災

喪門 弔客 死符 哭忌 大殺 小殺

大禍　憂神　哭神　見煞

占法

胎産之占始焉占其孕之有無既焉占其孕之男女
又既焉占其産之産期與生之吉凶而已

何以占其孕之有無

如四課日辰上神相合三傳比相所發用爲今日之
子息者虎后合入傳課而加干支者發用辰戌乘武
后與血忌乘六合或蛇乘生氣者發用子加丑乘虎
者天婦年上神爲三合六合德合申合如巳與　更值天月

二曰生氣者旦一八行年上神見今日之子息而無上下空亡六害者太乙臨婦人之行年而乘六合者則孕主有　四課日辰上神刑沖三傳休囚空亡而子息不見者課名四絕無祿絕嗣三傳丑亥酉者天婦行年上神相刑害乘惡煞而子息不見者如子息見則殘胎而害母則發孕主無　若發用寅未相加乘蛇虎作日鬼或天鬼臨支克日者孕雖有而爲鬼也若天后乘天罡加日辰與子息爻乘元武天空或三傳克日傳見天月煞者孕雖有而終墮也　子息爻乘死氣空亡

興元胎課乘元虎蛇者孕必死巳亥日返吟與子息又乘蛇勾而非空亡六害者孕易動此皆孕有無之附占也

何以占其孕之男女

男女之占其法甚多以理推之乘悉皆虛謬惟以孕婦行年上神決之斯為的確行年上神是陽則孕男子午寅辰申戌年上神是陰則孕女丑未酉巳卯亥如視課傳上有二說課傳四上克下者男即沈緣所起課傳四下賊上者女課六陰者男陰極陽生課傳六陽者女陽極陰生明白簡易矣

過於訛
如貴合龍常課傳並見者三傳生日者日辰上下相
生旺相又得長將吉神者太歲與月辰入傳相生者
青龍加正時發用者則男女賢淑　空勾元虎課傳
並見者日生三傳者日辰上下刑冲破害又得惡將
凶神者太歲與日辰不入傳或入傳而相刑者白虎
加正時發用者則男女不肖　其或日上神吉則男
必佳辰上神吉則女必正此皆孕男女之附占也

何以占其孕之生期

如干上神脫支上神或三傳脫支者三傳逢大煞空亡及傳退者（如戌亥子之類）發用子加戌又作血支血忌者傳內白虎乘子息爻者日神入傳而逢辰脫日者（如丁酉日酉未丑三傳之類伏吟）天空乘日日生三傳者青龍乘酉爲產門而逢冲動者（如卯酉相冲酉酉相刑之類）則生期速而易　干上神合支上神或三傳合支者　三傳逢三合六合及尊退者（如亥子丑之類）發用血支血忌冲動浴盆煞而無救者勾陳乘子息爻者日入傳而辰合日者課傳循環而不見刑冲空脫者則生期緩而難　月期則以發用

之三合爲定期（如用辰亥則卯未之三合爲生之日）日期則以發用之刑沖爲定期（如用辰子則刑卯沖午主卯午日生）時辰則以用後之一辰爲定（如用神是子則亥時是也）若天空白虎乘日干之脫神發用與今日辰脫今日干作大煞一無羈絆者（不見合則無絆）則主當月生其生時則以今日之長生定（若甲在亥之類）若以勝光天罡之法執一求之鮮不悞矣

至於日辰上神各旺相相生乘吉神者（如龍合貴常）日辰上神不相克害者三傳六合傳青龍者辰生日辰生三傳或三傳遞生而不乘惡神者婦人行年上神旺

相乘吉神而干上神亦吉者皆以吉斷者也
或干上神克支上神者或六合所乘之神克后神者
或墓神覆支而不見刑冲者或三傳克支蛇虎入傳
而支乘死炁者則損母或支日神克干上神者或天
后所乘之神克合神者或墓神覆日而不見刑沖者
或三傳克日蛇虎入傳而日乘死氣者則損子或干
支互克后合相刑而日辰上下四課三傳並無一吉
者則母子俱損此皆以凶斷者也
更有三傳俱旺末傳乘天后與課不傳而日脫辰者

不足月而生也
發用空亡傳歸實地與柔日昴星及伏吟無丁馬者
必過月而生也
貴人乘子午卯酉加寅申巳亥與壬戌伏吟乘天空
者雙生也
貴順傳順或戌加亥者順生也傳逆貴逆或亥加戌
者逆生也戌爲足亥爲頭
辰戌乘龍又作月厭爲用者怪生也
伏吟不動干支刑克神將俱凶者亦不生也

課體伏吟元武加辰者生而殘疾也聾啞不具體類

庚辛日神后乘虎與鄰加辰作天罡者生而缺唇也

此皆孕生期吉凶之附占也

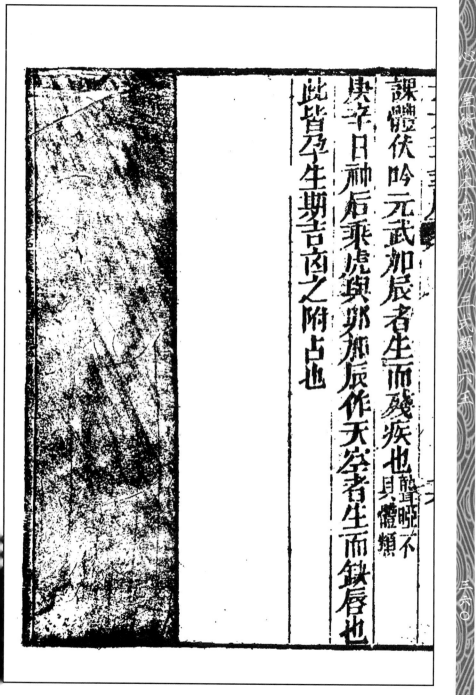

占家宅

所宜吉神

天德 月德 歲德 驛馬 天馬 喜神

吉期 成神 會神 六合 聖心 普護

益後 福德 續世 金堂 玉宇 陽德

陰德 生炁 五富

所忌凶神

三煞 破碎 火鬼 光怪 死氣 死神

血忌 火煞 大煞 小煞 九焦 天鬼

五虛　厭對　賊神　盜神　天盜　天賊

大時

占法

家宅之占占其人之禍福何如也占其宅之吉凶何如也而要之以人爲主合而占之以觀人宅之禍福也

日爲人辰爲宅如日上神生辰辰上神生日者日辰各受上神之生者日上見神之旺神辰上見日之旺神者（如甲申日一課酉寅酉乃申之旺三課卯申卯乃寅之旺神之類）日辰各受上

神之旺者如甲申一課卯寅卯乃甲之旺神二課酉申酉乃申之旺神之類辰上見德神者一要不落空亡二要乘吉將日辰上見貴人者亦不要空亡日辰上見三合六合五合者日上神合辰辰上神合日而乘吉神者日取怕辰上合日克子亥忌空亡辰加日生日者如甲子日第一課寅子之類三傳不臨日辰日辰化三傳者要乘吉神貴合龍常乘日辰上

并發用者則人爲福占宅爲吉、占如日上神脫辰辰上神脫日者或日辰各受上神之脫者主人病宅益日辰日上神克辰辰上神克日或日辰各受上神之克者主人災宅壞日上神墓辰辰上神墓日或日辰各受上神之墓者主人宅昏悔日上神乃辰之敗氣辰上神乃日之敗氣如甲申午寅子申之類或日辰各受上神之敗者如甲申日子甲午申之類主人損宅空日辰上神刑沖破害者若乘凶將尤甚日神上神空亡破碎者犯破碎殺日臨辰受克辰加日克日者主下犯上外侮內宅廣人少三傳無氣發用空亡者勾元蛇虎乘日辰上并發用者則人爲禍占宅爲凶占矣

分而占之以覌人之禍福

如日上神乘吉神作日德或日貴日祿者日上神生

日者辰上神生日并辰來生日者日上神爲生氣乘龍者日上神克辰者日臨辰受克辰者辰生日上神者日上福神爲福德（月將爲福德）又乘吉神者（如乙合龍常之類）課體吉（如三奇三陰六儀富貴格）而三傳生日者三傳生日爲天官克日或三傳克日而天官生日者（是爲官印顯赫而主富貴榮達）三傳遞生而生日者三傳旺相發用日德乘吉神者初傳乃日前之辰末傳乃日後之辰者（如甲課在寅初卯末丑爲引從也）如此爲福占矣

如日上神乘凶神作日破或日刑日害者日上神克

日者日上神墓日者辰乘墓日者如丙戌日戊巳之類占日上神為死氣乘白虎者辰上神克日者日臨辰受克者辰克日上神者如克財生財退財之類日上神或空亡或盜日或敗日又乘凶神者課體凶如孤寡絕嗣無祿無淫之類而三傳克日有官職不忌或脫日者三傳遞克而克日者發用空亡或日墓者發用克日又乘凶神惡將者如死神死氣蛇虎惡將之類如此則為禍占矣

又當以日上神官之刑克定其事因如天乙生日財貴人提挈本身近貴榮華克日貴人嗔怒入斷算日究

乙惹是非　蛇生日則憂疑解散克日則人病火災
日克蛇失力虛驚　雀生日則文書喜氣克日則是
非口舌日克朱文書財物　合生日則和合婚姻克
日則惧防哭泣日克合主進人口　勾生日則田土
進益克日則因田致訟日克勾修造動土　龍生日
則財喜恩榮克日則家堂不安日克龍則有財喜
空生日則奴婢得力克日則下人欺背日克空添力
脩築　虎生日則精彩發達克日則孝服血災日克
虎反有橫財　常生日則人送財帛克日則孝服傷

食日克常反主有酒食請召　元生日則有是非克
日生脫防盜日克元反干訟事　陰生日則陰人助
財克日則陰人僧道厭貿日克陰金銀財物自來
后生日則婚孕有喜克日則婦人爭鬪日克后則
事臨門
又當以三傳全體之年命驗其人口如三傳全財則
憂尊長如日上見官則尊長喜　三傳全印則憂卑幼如日上見印類則卑
幼喜三傳同類則憂妻妾如日上見傷食則妻妾喜三傳傷食則憂
官祿如日上見財則官祿喜三傳全貴則憂本身與同類如日上見

卯則本身同類喜

又當究其空亡之爻如父母空則父母不濟之類

又當視其類神之主如六合是兄弟看其所乘之神

虛實衰旺何如也更以家長行年上神決之禍福無

遺矣

何以占其宅之吉凶

辰上神爲歲君福德又乘吉神者亦忌太歲乘天乙

加辰上者庶人之家亦忌辰上神生辰者辰上神作生氣乘

龍者只不克辰爲吉辰上神爲支德或與貴神併者辰上神

與日上神比和或三合六合德合乘吉神者辰上神旺相或辰自旺者支神木春占旺二傳旺相乘吉神而發用支德不克日者發用為日之長生乘吉神不克日者則為吉占矣

如辰上神為休囚墓絕又乘凶神者如蛇虎勾元類辰上神雖作生氣而克日者辰上神盜神敗神墓辰者辰上神空亡或神自空亡者辰上神與辰自相刑冲破害者三傳休囚乘凶將而發用支德空亡者太歲乘白虎加辰上者有官職下忘 辰上神克辰者辰上神作死氣

或月厭乘凶神者如蛇虎勾元之類三傳盡爲辰之鬼與發用爲辰鬼而不生日者則爲凶占矣是皆宅之正占也

又當視辰上天官之美惡以定其興替如天乙加宅主家道興隆生貴子乘吉神出仕官貴人欽乘凶神小口災多虛驚　蛇加宅主憂驚怪異亂夢火燭有鬼祟忌損陰小若乘伏尸煞宅有伏尸　雀加宅主求親作書人患服疾內外喧噪如午酉日占則婦人不和口舌咀咒喧呼　合加宅主進小口婚姻眷

屬入門脩造動作如戌巳日則有人送物主添丁進喜　勾加宅主屋宇毀壞脩葺小口宿疾又主出風疾人若傳見雀虎主爭田公訟不已虎主婦人久患血病　龍加宅主横入他財骨肉娛樂子孫富貴屋宇光華傳用六合進人口傳見三合積財寶　空加宅主人多憂財多散失下人不足陰小多災宅神空廢漸見凋零　虎加宅主病亡喪禍傳用朱勾官訟傳見天乙病動傳見勾武小口病退　常加宅主宅常脩飾歌管懽呼外家人主張交得外家財物占庫

豐滿傳用蛇虎六丁妨孝服　元加宅主宅多失脫
盗賊逃亡少婦墮胎宅水不吉以致耄長損陰小災
或有水鬼　陰加宅主生貴女承恩澤主異姓過房
財帛私陰暗積又主小口生　多福祿如乘死囚則孕
生女小口削弱老陰婦人病亡　后加宅上生貴女
受恩澤傳用太常主宅有寡婦用天乙損家長用蛇
多災病傳合龍常進贅姻傳元合損陰小傳六合多
淫佚也
又當視日辰四課三傳之旬丁以驗其未來　如丁

乘乙主貴客來　丁乘蛇主人走失　丁乘雀主遠
信至　丁乘合主子孫外合　丁乘勾主兵卒勾攝
丁乘龍主遠行　丁乘空主奴婢逃亡　丁乘虎
主孝服動　丁乘太常主父母憂　丁乘元主失財
不獲　丁乘陰主婢妾私　丁乘后主婦人逃他如
日上丁馬入不安宅也
又當察其鬼祟之有無如日鬼天鬼天目加辰傳用
日厭丁符者主有鬼而以天罡所臨定其方所如臨
子在房之類

又當明其類神之所屬以子為房為徑丑為廚又花
樞寅為前過道又書院卯為前門辰為積攢巳竈午
堂未井申後過道酉為後門戌為浴堂亥廁又樓臺
兼以家長本命配之喜相生生命尤佳忌相克克命尤甚而吉凶無遺
矣

又日上神為舊宅辰上神為新宅觀其旺衰藏否異
也日上神將旺相舊宅好如上神克日自下欲住矣
辰上神旺相新宅好如上神克辰雖移住不久也
辰左神為左鄰辰右辰為右鄰觀其神將善惡分也

如辰是子丑為左鄰亥為右鄰神將吉則善凶則惡也　后乘龍加辰巳宅井有水也　傳見太乙乘空宅竈須脩也　辰加日乘龍宅乃脩房也　庚子日子加申宅出外人也　大煞臨辰乘虎克日宅防血光也　天后太陰臨辰而陽不備宅當陰人也　子午龍蛇臨日辰而見血支宅有孕婦也　子午丑未相加而乘朱宅之兄弟相尤也　墓加日作鬼休囚宅墳不安也　辰加午乘蛇臨合宅牀有怪也有壽蛇生

下

龍乘生氣臨辰生日宅漸興旺且悠久也　虎

乘生氣臨辰生日宅必驟發慮不一承也凡此皆禍福
吉凶之附占也

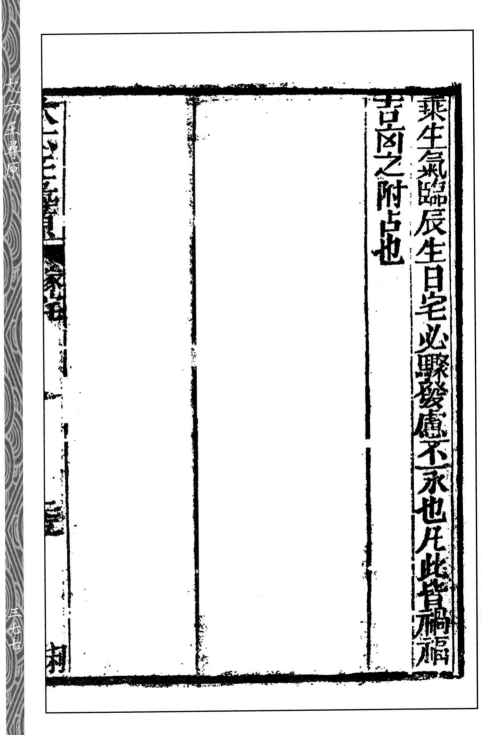

占疾病

所宜吉神

歲德　普護　天恩　天喜　喜神　枝德

生氣　龍德　天解　外解　內解　解神

福德　天醫　地醫　天願　天德　月德

無翹

所忌凶神

病符　黃旛　豹尾　白虎　昏迷　游禍

五鬼　三煞　喪門　大時　死神　死氣

金神　鬼煞　螣蛇　瘟煞　女災　時煞

喪門　弔客　孝杖　孝服　天死　枯骨

死符　滅門　哭神　上喪　下喪　哭忌

天獄　地獄　大煞　小煞　喪車　受死

浴盆　大禍　披麻　絶氣　天鬼　喪魄

占法

占病之法宜愼而詳大要有四一曰占其死生二曰占其病症三曰占其醫藥四曰占其鬼祟其餘不過附占而已

占其死生

大抵日爲人辰爲病日上克辰吉辰上克日凶細分之如四課日辰俱墓傳用復墓而無刑沖者白虎乘死氣死神克日而無救解者白虎臨日克日或辰作白虎克日者年命復墓而乘死氣者月厭大煞飛魂喪車哭神同死神死氣填滿課傳內有克日者課傳中諸煞盡現復有龍二三爲日鬼乘驛馬與武乘浴盆煞加命上者日德日祿發用及加年命上而俱空亡者若辰上空是爲病空反吉魁罡加日龍合陰入傳者爲人占病而類神值空亡

者如占父與尊長而日及天乙空占母而太陰空占伯叔之類而太常空占兄弟朋友而青龍空占妻妾而天后空占子息而六合空占奴婢而天空空酉戌空皆不吉若四下克上與傳中俱財則憂父母四上克下三傳俱印則憂子孫亦當以類神推之諸如此者皆爲死之占也

而死之期則以日干之絶神定如甲乙日絶在申者申臨何辰臨歲則不出一歲臨月不出一月臨日不出一日當以太歲年華間之法詳之一法以男取功

曹安取傳送加行年上以魁罡下辰爲死期　年命入墓而四課中有生氣者課傳俱凶而類神在生旺之鄉者課傳無煞而不來傷日者白虎乘神克日干而干上神及克白虎者白虎乘神克今日之支而支上神反克虎者白虎乘神生日或日生白虎乘神與白作今日之德神者如甲日虎乘寅白虎雖入墓而加午上者如甲日未爲墓虎乘未亥加午爲燒身無畏之甚虎乘水神加午則大凶也白虎克日而虎之陰神能制虎者日德日祿發用而不空亡者皆爲生之占也其爲命盡之期則以日干之子孫定如

甲日占病遇丙丁愈子孫能制鬼也此皆生死之占也

占其病症

大抵日爲人辰爲病而辰上神爲受病之症故當視辰上之神神后傷風腎竭如天后乘之則男子精絕女子血絕登明顛邪濕風如元武乘之則眼目流淚天罡腹痛脾泄如天空乘之則行步艱難發音喘嗽勞傷如太陰乘之則發肺傷脾傳送男唇破女孕危如虎乘之則瘡腫骨病小吉傷食翻胃吐如太常乘之則氣噎勞瘦勝光心痛目昏如朱雀乘之則傷風

下痢。太乙則齒痛嘔血。如螣蛇乘之則頭面疼腫。天罡遺濕風癱。如勾陳乘之則咽喉腫塞。大冲肩脊疼風。如六合乘之則骨肉疼痛。功曹目疼腹痛。如青龍乘之則肝膽胃疾。大吉氣促傷殘。如天乙乘之則腰腿痠脾

十二辰所專屬則亥子屬腎。巳午屬心。寅卯屬肝。申酉屬脾。辰戌丑未屬脾。

推其十二辰所變通則亥子膀胱也。巳亥頭面也。寅申手足也。辰戌項門也。丑未肩背也。

卯大小腸也　午榮衛也　酉肺與肝膽也
詳其神煞所相加則白虎加天罡霍亂吐瀉也　元
武居神后腎衰也　辰戌乘后雀痞瘧等証也　勾
陳乘戌咽塞也　太陰乘申腰腫也　白虎乘卯酉
吐血勞怯也　天乙守魁罡虛腫也　白虎乘丑腹
疾也　巳亥相加心腹有癖也　神后作血支癰疽
血痢也　太陰乘陽刃血支臂腹有血疾也　丑加
亥乘虎與蛇為天弔傳為曲直女經不通也　勾絞
煞作蛇虎入傳小兒手弔也　反吟帶白虎翻胃也

伏吟作日鬼水蠱也

窮其得病之原由則日上神乘天乙則思想勞苦得也　乘蛇則驚恐憂疑得也　乘雀則苦心訟咒得也　乘合則喜慶姻親得也　乘勾則情緒牽絆得也　乘龍則經營財物得也　乘空則欺妄隱忍得也

乘虎則弔喪問病得也　乘常則醉酒飽食得也

乘元則祭祀盜賊得也　乘陰則奸私暗昧得也

乘后則閨閣酒色得也　乘虎自巳至戌白虎乘之病在表也　自亥至辰白虎乘之病在裏也　此

病症之占也

占其醫藥

男以天罡加行年上功曹下是醫神也如寅下是子則醫即在正北方上女以天罡加行年上傳送下是醫神也醫神若能克支及能制虎所乘神則善矣或不然則于今日課前第二辰下求之如甲課在寅前一二辰乃辰也即天乙其下支之求之而醫神能克支能制虎所乘神則善矣又或不然則於天乙對沖下求之如天乙日之辰則戊為第二也求之而醫神能克支能制虎所乘之神則善矣又或不然則直於制虎

乘神之辰下求之如虎乘申則於午下求之必能分陰陽以爲克制也鮮有不善矣其醫神屬木土者宜丸散屬水者宜湯藥屬火者宜灸屬金者宜針砭此醫藥之占也

占鬼祟

有日鬼者以鬼所乘之天官占之乘貴則廟祠土以乘蛇則淫祠眞武在東南方先有怪夢乘朱則竈君火神或縊死願心乘合則家堂神祠或眠牀常損乘勾則古貌神師乘虎則橫死囚身在申酉者尤的不然是惡神也乘常則新化先靈或許願案未還乘元則斗聖不安如亥子上則水也乘陰則女

姑陰降或竈宜脩損　乘后則冰亡老婦如加研相則窺音覷而白虎乘太沖則防街寓禁忌也虎合乘四季則喪家煞神世螣蛇乘寅卯自縊傷亡也勾陳乘四土土神作殃也　他如死氣所乘亦可參看如死氣乘合家有巳樞乘蛇沉縊久病而死者乘勾陰府勾攝神乘亡晉火乘虎疾病死亡三者不得解脫或有伏尸乘合陰婦人陰靈之類此鬼墓之占也

若占疾病之吉方則男以辰加日上巳下爲音女以戌加日上亥下爲吉而以今日伏吟時逆之鬼遁術

除
若占囚訟之實占則罡臨孟陽不實罡臨季陰果然
奚以類神占之鮮有不中此疾病之附占也語頗
瑣悖理者不贅

占謀望

所宜吉神

天德　月德　合神　成神　喜神　天願

月空　福德　金堂　玉字　聖心　無熲

五富　歲德

所忌凶神

三煞　大時　破碎　關格　厭對　天賊

五虛　死氣　死神　往亡　歸忌

占法

夫人欲爲不敢遽爲有謀不敢必得占之之法爲舊占其可否既可矣占其成敗既成矣占其遲速此其大槩也

所謀望之類神課傳不見者如謀望財利而謀傳絕無財神之類日上神與支上神冲刑破害不相合而天官復乘惡神者干支坐墓而或干支左右墓與墓神覆日墓用而不見刑冲者如上甲申甲寅二月例日辰命上所乘之神皆凶而所傳[illegible]者[illegible]之類[illegible]元空是[illegible]不可之占

其[illegible]之類神見於課傳者干支上神比和復乘

吉神者于支上神旺相相生無刑冲破害必用所求
或有之復相合又乘天乙等神者各
之貴人吉與日相合而不落空亡者三傳俱遇而不
落空亡者如丑于亥是退傳適值甲寅旬空反宜進步以圖之也年命上神與
所謀之類神相合而不見刑冲者不落空亡者如占財而
年命上神貞蕭支干合生之類又無刑破也貴登天門神藏殺沒者貴人
復日者三傳俱吉是可以謀望之占也

何以占其成敗

發用關格復乘惡神者如子加卯午加酉戌加亥干辰加巳而貴人復凶也
支俱吉三傳凶者所謀望之類神雖見而落空亡與

刑冲破害者破碎發用復乘凶神者歲破月破並見三傳而類神或爲歲月破者勾空元虎非類神而日上與發用並乘者陰蛇與雀非類而乘發用克日者三傳所乘之神先見元武復見勾陳者命上神或克日上神者三傳初克末傳者三傳見類神休囚者是爲不成之占也

其發用日德日合又乘吉神者干支雖凶三傳俱吉者類神見而不見空亡不刑冲破害者類神發用神煞無害者大歲月將作貴人發用者命上五上上神或

爲日貴或爲福德詳大陽也而與發用相比和者日上神
與命上神相合或日上神來克命上神者丑加巳子
加丑更乘吉神者丑加巳是戌與巳合號爲極陽子加丑是午亥相㬌故以吉言三
傳末克初傳者三傳見類神而旺相者三傳見成神
者日上發用龍常而不克日者若七日則龍克其謀之吉反爲凶矣
望必成之占也
何以占其遲速
如類神旺相者速類神休囚者遲刧煞發用者速驛
馬發用者遲成神作初傳者速成神作末傳者遲曰

德作類神而發用者速巳亥作類神而發用者遲類神臨卯酉者速類神臨辰戌者遲卯酉爲二八日月門辰戌爲天羅地網又爲海角天涯也三傳不離四課而末傳歸日干者速三傳離了四課而末傳空陷者遲更以發用參之歲月日時遲速了然矣如用年不出年用月不出月用日不出日用時不失時之類此謀望遲速之占法也

然有宜於公而不宜於私者謀傳六陽也宜於私而不宜於公者謀傳六陰也所圖而知其實者三合六合而類神見也所圖而知其虛者天空與空而類神

伏也宜動而不宜靜者丁馬並見也雖伏吟亦主動宜靜而
不宜動者干支乘旺也如申日卯酉爲旺神自干傳支則我
去求人自支傳干則人來求我先刑後合則初難後
易 先合後刑則初易後難 三傳送克而復來克
日事雖小而終乖 太歲月將發用大事宜也 三
傳平淺吉神小事可也 聯事宜托何人視類神也
不已則貴人陰勾空則吏卒或有服人之敗事於類祭當神支上神孟月爲巳辰爲人也
何人亦視類神也支上類神旺則可圖現在類神相
則可圖將來類神休則可圖過去鬼在孟則尊者之

事難圖鬼在仲則同難之事難圖鬼在季則陰小之
事難圖此皆謀望之附占也 三若上克下則事起
男子在外下克上則事起女子存內知一課事起比用
辰克日則言眞日克辰則言傷 皆順亦順傳
皆逆事逆去辱喜容求榮喜實 隨所謀望當爲消息

審象精蘊 中

癸圃老人增補

利元

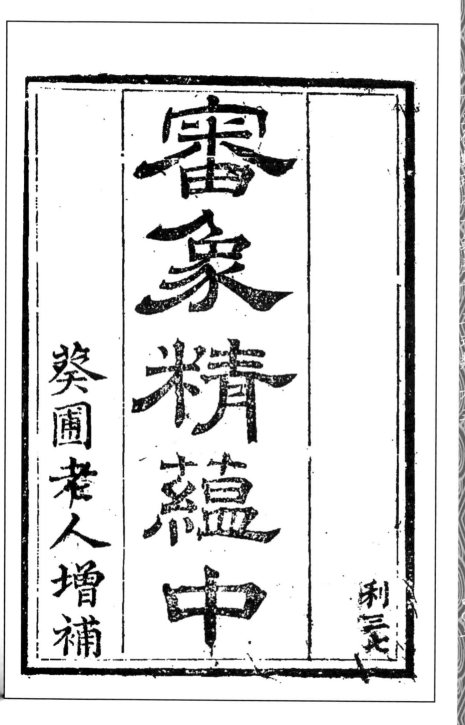

占選舉

所宜吉神

天德　月德　德合　祿神　皇書　天喜

皇恩　驛馬　天馬　日馬　太歲　月將

喜神　成神　聖心　無翹　歲德　福德

玉宇　金堂　天願

所忌凶神

劫煞　災煞　月煞　歲煞　天獄　天火

大時　陽刃　死神　死炁　病符　月厭

大煞 小煞 月空 厭對 往亡 歸忌

游禍 五虛 地獄 喪門 弔客

占法

選舉之占占其名之有無中之高下而已然必明其類神之所屬而後可占也明於主文之所屬而後可占也明於神煞之喜忌而後可占也

類神之所屬

以日辰言 日上辰主文也 日應試人也 辰上神場屋也 辰題目也 初傳初場也 亦爲應試

人　中傳中場也又爲文章　末傳三場也亦爲主

文以十二辰言　子易　申詩　亥書　卯春秋

巳禮記　午文章　酉七書

何以主文之所屬

廷試主文太歲是（歲君君象）會鄉試主文歲破是也（外省歲臣）

（遴對天子之象）督學府縣主文月建是也（取四時循環之象）從分會

試主文爲月將　鄉試爲歲破

何以神煞之喜忌

乙龍合蛇雀常所喜也勾虎武陰后所忌也天喜

皇恩五馬（作月日時之馬 同天馬為五馬）印綬（戌為印 未為綬）所喜也死炁病符月厭所忌也三奇六儀龍德官貴所喜也日墓空亡休囚刑害所忌也明此三者選擇可占也

何以占其名之有無

日辰上下相生乘吉神者日辰上祿馬丘見者三傳旺相相生乘吉神者三傳遞生與坐日者三傳克日而天官生日者青朱乘日上神與發用作日德日祿日官而不陷空亡者日上神作儀亦而發用螣蛇表見青龍者年命上神乘天喜而廉貴人見德祿者

隨所試而主支生日或乘吉神在日年命上與發用者皆可以占其名之有者也

如日辰上下相克乘凶神者三傳刑害無救乘凶神者三傳遞克而克日者勾元陰乘日上神與發用作日刑日害日墓而無吉神者墓神覆日與辰傳墓日者空亡加日上與日傳用者兇煞劫將月厭見三傳而無吉神者年命上凶神惡將而課傳俱空留者雀落空亡龍歸墓地龍乘未也天空發用者元武乘神克日與白虎乘神傷日者隨所試而主支空亡或克日或

乘凶神居年命上者皆可占其名之無也

何以占中之高下

論廷試太歲乘吉神生日干作日臨干發用五馬交馳印綬德祿皇恩並見六陽數足者狀元也　太歲乘吉神生日干或作日貴臨干見初傳三四馬交馳印綬德祿天喜並見六陽缺一者榜眼也　太歲乘吉神生日干或作日貴臨干見末傳三四馬交馳印綬德祿天喜並見六陽缺二者探花也　日辰課傳俱吉而吉神六合初傳者一甲也　日辰課傳俱吉

而吉神併於中傳者三甲也　日辰課傳俱吉而吉
神併於三傳者三甲也
論會試月將乘吉神生日干或作日貴臨干發用傳
見德祿天馬天喜者魁元也吉神同上而將見於中
末傳者中在後也
論鄉試歲破乘吉神生日干或作日貴臨傳發用傳
見德祿天馬天喜者元魁也吉神同日而歲破見於
中末傳者中在後也
論小試則月建乘吉神生日干或作日貴臨干發用

傳見德祿者此首也龍朱旺相月建乘吉作貴見於中末傳者一二等也見中傳則一等見末傳則二等蓋發用見德祿此為首也若祿神旺相剋制龍朱休囚月建雖乘吉作貴見別處不入傳謂者三等也此高下之占也他如元胎吉將六合子未辰卯外處得也卯胃緝天后大陰乘日貴生日陰私也卯爲托朱雀乘神剋主文主文嗔怒也朱雀乘日無氣文失則也朱雀乘亥子內戰防點污也元武發用虛塗抹也三傳空亡墜失也此皆選舉之所宜類推者也　至於武舉之法則日上發用與年命上遇大

煞月煞乘天空白虎太歲入傳者利巳爲弓中爲箭
弦馬爲馬三者並見又乘吉神不犯空亡者利二傳
克日陽及祿馬並見者利其餘例文舉而類觀者也

占官祿

所宜吉神

天德　月德　德合　天馬　驛馬　皇恩

皇書　天詔　天印　喜神　天喜　成神

玉宇　金堂　聖心　天願　福德

所忌凶神

死神　死煞　三煞　天吏　大時　往亡

歸忌　病符　喪門　形害　天牢　天獄

地獄　致厄

占法

官祿之占所用於天官者乙龍常雀虎也天乙爲貴人之首而文視靑龍武視太常朱雀爲文書白虎加官鬼爲催官使者且主威權也所用於神殺者太歲月將日德天馬驛馬天吏天城之類也太歲爲至尊之神月將爲福德之神寅爲天吏申爲天城也所用於十二辰者如甲以酉爲官祿日之祿如甲以寅爲祿之例印綬軒車所管之類也戊爲印未爲綬卯爲軒車之類與邑者空亡與沖墓之類也所主者本命與行年也既然以占在任任之

吉如日上與發用或日德日祿或日官上乘吉神與中末兩傳不見空陷者吉也如日上發用神將並凶或神將雖吉而冲墓空亡者凶也子上天羅支上地網即以羅網發用而年命上乘空亡者則爲丁制之凶干發用主父支發用主毋日上神與發用係日墓或上乘白虎或殺神作閉口或神將不吉而三傳爲折腰爲空陷與年命上之神乘病符諸凶殺者則爲疾病不測之凶輕則疾病重則不測三傳自下克上遞克日干或自上克下遞克日干而參

日德解救與朱雀乘閉口者則爲論訟之凶　德祿官三者落空亡年命上之神又乘凶惡空者則爲去位之凶　日干之祿或寄支上如甲午日寅加午也日干之祿或寄支投墓如辛丑日酉加丑例而無官德救解者則爲缺折遷避之凶　因是以占陞遷之遲速則課既定交視青龍武視太常視龍常所乘之下神或作今日之日辰則佳音可翹首而待不然視其神與日隔幾位而因以定其年視其辰與辰隔幾位而因以定其月視天盤上神長生之地爲何神而因以定其日視地盤

之神而因以定其時（假如亥夜）其龍當所乘之神生日干者內除也其日干生龍當所乘之神者外除也　其祿神下之神即食祿之方也　其羣邑之別則視龍并祿神下之神之分野又視二十八宿中之生本命者而細分之也　如壬寅生人壬祿在亥亥加辰當尋辰宮之分野如宮內有軫角氐亢四宿則取亢金龍為用蓋金能生水金干相逢故知亢之分野為食祿之所

其占聞報之虛實則傳課既佳而式內太歲在口之

前又日上或乘天乙或乘日貴或乘朱雀者貴也傳
課俱而日上乘夜貴者方推或暗逆也傳課不佳而
太歲居日後日上乘元武或螣蛇朱雀空亡者虛也
他如太歲月將臨干發用官印顯赫祿馬旺身貴臨
天門神藏殺沒傳官將生年命協吉或課如甲子之
伏吟庚寅之伏吟者皆主官尊祿厚悠久無疆者也
假如三月酉將甲戌日未時占文官何日陞
斷曰當在赴任之地三年七月戊寅日辰時得陞報
蓋文視青龍龍乘午加辰甲戌日占寅爲日陽地盤

辰三位故云三年所謂親龍下之神與日隔幾位而定其年戌為辰隔地盤辰七位故云七月所謂親其神與辰隔幾位而定其月也龍乘午火也必長生在寅寅上是辰辰中有戊故知為戊寅日所謂親天盤上神長生之地為何神而因以定其日龍所乘下神是辰故知為辰時所謂親地盤之神而因以定其時也

至若武官之占則視太常而照此例

占求財

所宜吉神

玉宇　金堂　天倉　無翹　陽德　天馬

時陰

所忌凶神

天賊　盜神　死神　天虛　游神　天獄

天火　地獄　金神　關神　謾語

占法

求財何占也占其求之有無占其得之難易占其數

之多寡與夫財為何人所與財為何等之物也

求之有無何以古也取日干所克者為財而課傳俱

有財現如甲乙日課傳有辰戌丑未之類或日上神或支上神或命

上神俱以下克上為日辰命上之財如日是寅寅上是丑支是子子上是巳命是酉酉上是寅之類所謂緊切親三財之訣也或發用是暗財而貴人

乘青龍如酉以寅為財而初傳是亥亥木水也而寅木生於亥酉以寅為財而傳是未未木土也而寅木庫於未皆為暗財臨龍也或課傳無一財而三傳為傷食如丁日以金為財課傳無金三傳皆土土為丁之傷官食神反能生土金來也亦是暗財戊日財見

于青龍之陰龍臨第二課或旺財臨為日干之財日財臨於行年之上行年

在上【如寅卯春占之也】或龍乘日上支上之神而神係日本【如龍乘寅臨千支之上而月是丁也】或有克初傳而三傳遞克則占求財者可必其有矣

若占求財而必其無者蓋雖前項之吉神吉將而落空亡【如甲子旬空戌亥亥為財為空亡若戌亥年月不論】或三傳俱是財而財多化鬼【如酉以木為財而三傳寅卯辰財多化鬼也】或發用是日財而神作天空【奴僕之財非所論】或課傳俱無財而青龍入廟入墓【如丙日而課傳俱無金或龍在寅伏而不動在末入墓也】或青龍乘空亡而日辰比肩劫財【如龍乘旬空而日神辰上神為同類是也】凡此皆無財矣

得之難易何以占也支來生日則易支來克日則難財臨午酉則易財臨關格則難財爲發用則易財爲末傳則難財臨旺則易干臨財則難日德日祿爲發用則易反吟伏吟爲課體則難支傳干則易干傳支則難日上辰上神和合則易日上辰上神背馳則難其先難後易者初來克日而中末被日克也求之宜緩其先易後難者初爲日克中末來克日也取之宜速

得之多寡何以占也財逢旺相則多財乘休囚則寡

發用為財則多中末為財則寡類神見則多類神伏則寡如求金銀欲見酉求衣服欲見未之類太歲作財神而乘青龍則多時日作耗神而乘別將則寡定以先天之數子午為十八或八十一也加以倍減之法如子水在冬則倍在夏則減也而多寡明矣何人所與何以占也觀之類神如財乘天后則主婦人妻妾之財乘太乙則主貴人尊長之財乘青龍則王公門貴客或道流之財乘六合則主大夫或術士沙門商旅之財乘勾陳則主二千石漁鹽與鹽人之財乘螣蛇則主婦人或醫匠之財乘朱雀則主使君

亭長宮妃或善士之財乘太常則主貴人老者或女
親之財乘白虎則主兵卒僧醫或孝服市價之財乘
太陰則主婦人姻親奴婢之財乘天空則主官吏長
吏或僕從之財乘元武則主小兒牙人或盜賊之財
引伸推類可也
財爲何等之物何以占出觀之類神如財神乘天后
是水利或酒醋之財財神乘天乙是舊宅牛畜或椅
桌之財乘青龍是公中書籍或柴薪錢帛之財乘六
合是車船竹木買賣之財乘勾陳是水物田土或文

書印信寶貨魚鮝之財乘太常是衣服緞疋或婚姻飲食之財乘白虎是田園大麥或湖池道路農具之財乘太陰是金銀錢玉或小麥五穀之財乘天空是墓墳宅舍或印信獄具之財乘元武是鱗介權寶倉廩或畜類之財並類可也

然有空手之求者則財逢旺相適值旬空是也

亦有無心之獲者則太陰乘神適作日財是也

至於以求財之方向論則視青龍所乘之地龍居午南方求之

以求財之時日論則視財爻所臨之神加財臨太歲以年計臨月建以月計臨日則本日逐時則本時推之也　其以索債求者則詳日辰時而推之日爲財辰爲債主時爲欠債人如時上神生日日上神生辰或俱比和或俱吉將或辰上神剋時主神或以類神發用察之有得

其以借貸求者則辨剛日柔日而推之剛日看日上是何神柔日看辰上是何神丑寅辰吉神立借得有望午未遲緩終得酉戌日下即得亥子婦人眞付來無望也若類神見財爻旺相不必拘此例否無不得

矣
其以傳戲求者則視支干支爲主干爲客支克干則
主勝干克支則客勝皆視上神
其以不正求者則視三傳或先鬼後財或傳鬼化財
或元武附財者利此求財之附占也　若夫日上
財爲外財辰上財爲內財臨丁馬則遠財視何者之
財爲旺相而或內或外或遠或近以求之是求有益
於得也

占行人

所宜吉神

驛馬　天馬　福德　聖心　會神　傳神

喜神　歲德　成神　遊神

所忌凶神

病符　歲刑　天車　謾語　三殺　大時

天吏　往亡　歸忌　遊禍

占法

大抵占行人須分遠近久暫疑的須看類神及諸殺

方可斷其歸否與歸期也
如暫出而未知其歸者則以此人出門之時加於今日之支上視天罡所臨下神爲至假令去人是昨日巳時出門今日是癸丑日占即以巳加丑上順數前去值天罡臨子上即斷其子日到或當日子時到也
如久出而地近又未知其歸者則以月將加正時視天罡下之神是孟未動身是仲在半路是季即至假令酉將午時則辰下是丑丑爲季主其人即到是也

如遠近行人出入而疑其歸否者則視四課式或見覆于或墓覆支或天驛二馬乘支是為入宅或類神乘支或日辰上見天罡者覩三傳內或行人本命臨初傳或初傳是日之絕神申日初傳是申之絕或初傳是日之官鬼或初傳是日而末傳是辰或末傳歸日辰上或末傳是日之墓或末傳是天驛二馬之墓或末傳是戌加卯或加酉或三傳內見類神或三傳內見遊神臨墓絕者覩貴人或類神發用或類神乘馬臨日辰之墓或白虎乘二馬者皆主歸也其歸期則以遊神下神

決之如遊神是子子下是寅則或寅八寅日歸也如行人久出絕無音耗課傳內又不甚了了則視行人之行年與今日之日干要天盤日歸地盤日其歸之順逆推於貴人貴順則順轉自亥而子之例也貴逆則逆轉自子而亥之例也若歸從門上過卯酉為日月出入之門或順或逆當必過之門上之神不克日不克行年及地盤日上之神不克日不克行年則其人必歸其歸期三千里外人視將星下之神如巳午未發在卯卯下是子則斷其子月子日歸也千里外人視歲支下神五百里外人視月建下神百里外人視日干下神無不應

也五十里視正時二三里視天罡下

如行人久出不知去向則視其行年下之神則知其何處去視行年之上神則知其從何處來假令行年是卯上加從魁則知其從東方去卯東也便知其從酉來酉西也

如行人出久不知其程則視行人命上之神與年上之神以巳午年九之數合定其程數意其近則一進十十進百意其遠則自一而進至於千若命上神與年上神相和則又當從位而進之否則但有進而無倍

而程之遠近辨宗假合命上神是子子數九年上神是亥亥數四合成十三數進作一百三十里倍䟽六十里又意其進也進至二千六百里此皆斷行人之必歸者也

若歸而病者則末傳是墓而虎乘之也　若歸而無財者則年命上與三傳皆無財或見財而落空亡或財爻乘元武也　若歸而不如意者則年命上乘敗神如申命上神加午之類或貴人落空或成喜二神見落空也如課傳內日克初傳者初傳爲日墓者初傳空亡者欵

神空亡者二馬空亡者馬臨長生者如申日寅臨於亥亥為長生是旺也馬被合者如子日巳馬臨於申上則巳與申合馬不動要歸地盤上日而卯酉門上之神克日與行年及地盤日上之神克日與行年者皆以不歸斷之也

若為人稽留而不得歸者則視類神上所乘之神而斷其為何人所留假令類神是戌戌加本日之貴人是為貴人留也或其上乘酉乘天后太陰決為婦女留也　若以所至之方為樂地而不肯歸者則類神臨長生或旺鄉與驛馬臨長生也　若中道而止不

能歸者則剛日梟星發用戊加亥陰關或犯天車殺之類是也　若病而不歸者則去人行年上值病符喪凶將馬臨空亡之類是也　若死而不歸者則行人本命上值墓神乘凶將馬臨空絕或犯空亡之類也　至於人雖未歸而信則先至則信神發用也（信神是酉酉加子上遠則子月近子日也）行人雖寄信而信不到家則信神現而空亡也或行人無書信而忽聞口信之傳則視其不犯譏謗殺或類神作信神或用上神不傷支上神而後可以斷吉凶遲速之實信也若陰虎合蛇內

將乘辰戌加日上者其信亦不實也
若夫請人而不知其來否者其人近則以月將加時
以天罡決之如罡加日辰上來如期而來罡加日前
亦來罡加日後不來其人遠則如占行人之例而視
類神要天上類神轉至地盤類神轉之順逆亦以貴
人爲准如門上之神及地盤類神上神不克類神者
必來門上神及地盤類神上神克類神者必不來其
來期則以戲神決之假令戲神是巳巳加子則子日
到或當日子時到也

若夫喚下人而不知其來者否則以月將加今日之辰上視正時上所得之神而決之正時上見辰戌子午即來見寅申丑未少頃來見卯酉中路而轉見巳亥必不來

若夫與人期會而不知遇否者則以月將加正時而決之於天罡如罡加今日之辰准遇罡加日前為已去罡加日後為未來此皆以行人推類而盡其餘也

假令斷其不歸例

十一月丑將甲午日午時占行人而行人行年寅未

四課酉寅辰酉丑午申丑三傳酉辰亥天官亥元朱蓋天盤寅爲日爲行年貴人逆行轉到地盤寅上從卯門過門上神是戌戌乃辛之寄宮也辛金克日及行年矣又地盤寅上神是酉酉金克日與行年如何得歸故斷其不歸也

假合斷其必歸例

正月亥將甲子日丑時占行人而行人行年辰午四課子申戌子壬子申戌三傳戌申午天官元后蛇蓋天盤寅爲日貴人逆行當逆轉到地盤寅上從卯門

過門上神是丑日干與行年無克而地盤寅上神是子為行年之財又能生日如何不歸此必歸之斷也

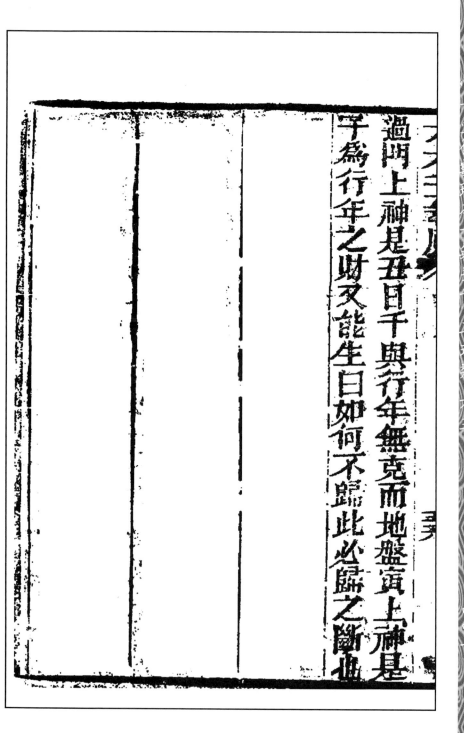

占逃亡

所宜吉神

會神 天願 六合 喜神

所忌凶神

五虛 元武 死神 血支 血忌 絞神

長繩 喪門 弔客

占法

日逃日亡固是不同而解之者其說不一然與其別

逃亡之名為凶若精逃亡之算術以精之近者君子之

類責德小人之類責刑遠者視 各屬之類神至於有所窮而逃者責元武而已何謂近逃亡三者之內是也 何謂遠逃亡三日之外是也 何謂君子之類責德蓋陽德也君子屬陽君子良善尊長之稱也尊長良善何以有逃亡也或畏讒或避禍或全身以遠害不得已而逃與小人異也故當責之以德甲巳日寅之類何謂責之以德甲巳逃亡則以月將加正時視貴德所臨之方而求之之類 也假令甲巳日寅加子上則德在正北方江湖有求之 處求之當子屬北方

也

何謂小人之類責刑蓋刑陰也小人爲陰兇惡下賤之類兇惡下賤則責元武何謂刑以其無所竊而去也則不得謂之盜故不責元武而責以刑刑者子日卯刑之類是也

何謂責之以刑子日逃亡則以月將加正時視卯寅所臨之方而索之之類也假令子日卯加寅上則往東北方林木處索之就是此皆逃亡三日内之論也

何謂視各屬之類神會貴視大常之類也如會貴視

太常乘子加午則往正南方求之可得也君父視日德朝視天后兄弟子友視六合妻視神后孫視登明女視神后姊妹視太陰傭工視朱雀奴視天魁婢視從魁之類此皆逃亡三日外之論也

何謂有所竊而逃者責元武蓋武爲盜有竊即盜矣故責元后然當分武之陰陽人之男女而爲捉獲之興若乎寅辰午申戌大陽神爲元武則逆數四位之神即由尾所爲閉口謂之元武陰神亦所謂盜神也捉男子者須從盜神所臨之方而捉之如元武乘午加亥逆數

四位乃酉酉加申捉男子者即西南捉之申屬西南也捉女子者即於元武所臨之方捉之即獲如元武是卯加寅卯即武之陽也寅即其所臨之方也捉女子者當在東北寅方也此元武第二傳之神爲陰捉男子者於陰神所臨之方捉之即獲如元武是卯加寅此爲第一傳元武之陽也第二傳是辰加卯則辰爲元武之陰神卯又其所臨之方也捉男子者當於正東卯方也　經曰男子往陰女子往陽有互用之義也此以有所竊而論者也

然則里數可算乎貴德者視德之上下盤貴刑者視刑之上下盤貴類神者視類神之上下盤貴武之陰陽者視武之陰陽上下盤以本家爲主用甲己子午九之數而合數之如寅臨子臨七也子九也即以七九六十三而數之近則十六里所增相倍死墓囚衰生休本數其里數明矣

然則所匿之處可算乎以其方向而又細推天官以决其匿於何人之處如寅加子是正北方子上乘三合六合者親戚朋友之家天后婦人之家天乙貴

之家螣蛇兇徒之家朱雀官吏之家六合牙儈之家天空獄吏之家青龍豪貴之家白虎死喪之家太陰陰私老婦之家太常善人燕樂之家元武奸盗之家勾陳公吏之家以意消息之又合所乘將之類神而詳之得矣　以其方向而又細推捨一將之類神以決其居於何地而其前後左右如覩也如寅加子是北方此地是水澤之鄉東有橋梁寺宇西有樓臺亭榭前有井後有牧羊之塲之類以十二辰推論之其居處豈有不明哉

然則四課三傳可不用乎奚而不用也凡類神臨干者外人獲來歸支者自家發用作日德或與日辰三合六合者亦自來三傳內日傳歸辰辰傳歸日者亦自來類神在課傳不空亡者可得三傳不離四課見類神者可得類神見而空亡者不可得見亦不來課傳俱不見類神者不可得亦費力類神上有遁勾丁有乘一馬者有乘龍合陰一貴而非本類神者皆不可得類神作死絕墓神又將惡者白虎之類其人縱欲來或病或一不深而不可得課名斬關辰戌加干支遊子者不

可併亡皆以課傳論者也　然奴婢之逃亡而與此占大同小異也始視類神奴天魁戌婢從魁酉課傳中臨干者亦外人獲至臨支者亦自至臨干之陰神者匿於鄰里之家臨支之陰神者匿於親戚之家類神不在四課日辰者去遠三傳不見者難獲餘皆以前占推之可也　然則奴婢其逃亦有占乎用陽或天魁與戌是男爲倡可用捉男之例課名狡童者亦然用陰或二后從魁佚女則是女倡可用捉女之例靡有遺者

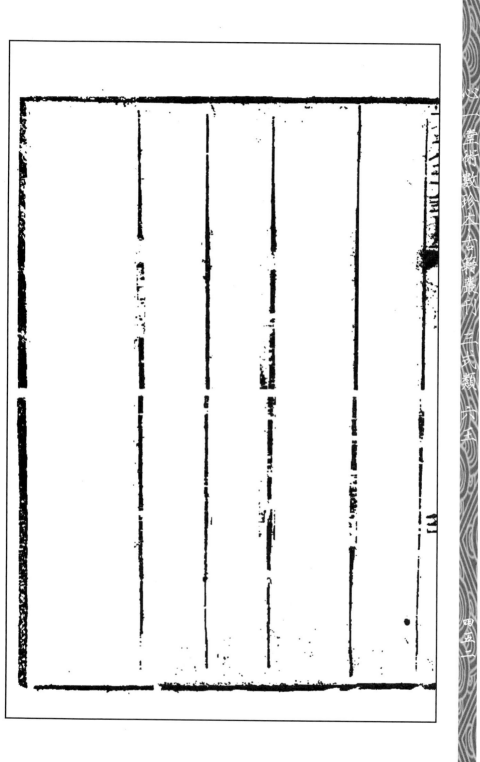

占捕盜

所宜吉神

天目 [illegible]神 貴神 長繩 朱雀 玄武

勾陳 天獄 地獄 天牢 殺神

所忌凶神

青龍 六合 太陰 天馬 驛馬 五虛

謁語 外解 內解 天解 解神 血支

血忌

占法

捕盜之法責之元武元武之外不必雜占其大要看盜賊入於何方賊匪藏於何處賊爲何等人爲何等狀與夫捕人之中用與否而已然必視其可捕與不可捕而後可詳其大要也

如辰戌丑未立於支干之上而課名斬關者在庚辛申酉日元武乘三傳[illegible]而日鬼上乘吉將六合太陰發用下馬者元武二傳俱[illegible]相生者元武第一傳爲盜神而盜神[illegible]太陰六[illegible]遇旬丁而天地盤比和者[illegible]若此克日皆不不可捕也

可捕之法　當詳賊人避於何方何以詳之視元武之陰神而已蓋元武之第二傳謂之陰神即盜神也　如盜神是子則賊在北方水澤江湖之所東有橋梁墓舍西有水畔樓臺前有神廟其家女人悲啼不明之事　盜神是丑則在東北州邑坑廁之傍或風伯雨師廟壇內或前賢將軍神內或倉庫之側若曠野則橋梁平田及墳墓之所　如盜神是寅則在東方叢林木之中曲隄之所或大木枯竹湍賣之家寺觀之傍如作本日貴人則吏家也　盜神是卯則

在東方有大林木竹叢之中屈曲水徑前有舟車近
寺觀其家乃竹木之工車船之匠　盜神是辰則在
東方近南隣崗嶺之處穴塚之中東有池塘傍有積
尸之場或潭沼澳獺之所丹青彩畫之家　盜神在
巳則在東南方窯冶之所東有樹木夏有蟬鳴春冬
有馬驢其家婦人主事　盜神是午則在南方爐冶
鐵匠有牛馬之物藏其中或其家會販馬驢或巫
家也　盜神是未則在南方近西隣儌土塚內向東
四步或有井田常有人歌唱或其家牧牛奉鬼沽賣

之處　盜神是申則在西南方近則州縣門牆城門之所遠則林野衝要之地大路之口或郵亭馬舍之側其家削礪之工金石之匠　盜神是酉則在西方或地名金坑酒店之所或近倡女之家或膠漆工匠之家　盜神是戌則在西北州郡營寨之所聚衆之場林居壘土岡壠猪犬在門前奴僕兵卒家也　盜神是亥則在北方居近水邊或縣水傍地名窩居之處其家曾為獄吏內有樓臺亭閣門前有一小兒趕猪可問而取之以此十二將類神消息用之依此細

推無有不中矣然必盜神天盤比和者專方向以此爲據若上下相克則賊不定再視元武第三傳可也

若其地里之數則亦以盜神上下盤用甲己子午九之數定之　如盜神是子加亥則子數九亥數四旺則四九三十六里相則二十六里休則十三里死囚則六七里之數是也然必因盜之久近而方向道里或以官爲主或以失家爲主也　如被盜未久在旬內者則以失家爲主而觀其方向道里若被盜久者則以捕盜之官司爲主而賊其方向道里也

二嘗詳賊贓藏於何處何以詳之盜神所生之神而

巳加寅爲盜神則物藏廚竈爐冶中　卯爲盜神物藏窑竈冀櫃中　辰爲盜神物藏石碓磨碾下　巳爲盜神物藏近廁浴堂廊廡牆垣下　午爲盜神物藏墓田橋井之中　未爲盜神物藏城牆神祠社之之間　申爲盜神物藏樓柱廩廁之間　酉爲盜神物藏溝渠水泊石灰籠匣之間　戌爲盜神物藏門戶石穴之中　亥爲盜神物藏柱礎神廚下　子爲盜神物藏竹木舟船之間　丑爲盜神物藏花檻城庫之側　此本以十二將類神消息參交當卻陰生陽

陽生陰之象也其方向則亦以盜神所生神之所屬而決焉如盜神是寅寅生巳巳屬南方則視東南方之厨竈是也寅生巳即陰生陽生陰至妙之訣也

三當詳賊爲何等人何以詳之視元武所乘本位之神而已如元武乘寅則賊爲吏人或爲道士人　卯爲經紀人或尼僧人　辰戌爲兇徒惡輩軍卒或僕隸下人　巳爲手藝人或居舍爐冶人　丑午爲旅店客人或胥爲巫爲軍官過人　未爲熟識人或爲道人　申爲過犯人或兵人　酉爲金銀匠人或賭

摴花酒人　亥子為水亥　船上人或慣賊及會為竊
識私婦人　旺相則為少　壯人休囚則為衰老人陽
即是男陰即是女　吉神　併者豪縱之子凶神併者貧
猾之徒皆以十二將類神　及貴神類求之人可知矣
賊人之伴數則視盜神隔　元武之位數而數之如從
加酉為元武初傳第一傳　則是亥加辰亥是盜神也
自亥至辰隔六位故知為　六人此所謂盜去本家知
伴數蓋盜者盜神也本家　者元武也諸書解者惟依
要例是亦必視盜神之旺　相休囚而或為捕獲或稱

本數則又精矣

四當詳賊何等狀何以詳之亦視元武所乘本位之神而已如元武乘子是眼小將細人女面相著黑衣下淡黃有青　丑是大肚闊口人頑醜多髭身雄壯著皂衣下黃　寅是短矮美髭人手把斑貓愛騎馬著青衣有裝裹　卯是骨瘦快走人著深青衣假作醫人術士之狀　辰是目大眉粗鬚長兒相人著黃衣并絳衣愛漁獵　巳是瘦長人會歌曲語言試以賊爭辯便交手　午是斜視身長人捕時先見

一疋赤馬後遇著青頭戴紫裳色物便是　未是服露頭白持服人其妻能作酒若說張三猶的　甲是身材長白面有瘡病少髮人愛打彈丸著黃色與淡白衣　酉是身材粗長面上有班點有聲喘嗽白衣黃褒肚　戌是顏惡多鬚黑色少發聲人著牟黃牟白衣　亥是肥大醜貌青黑色背駝人著破衣手把傘此以十二神將消息若賊多則為首者是其形狀也

若欲知姓氏則亦以元武所乘之神考其類神與其

所屬五音而辨之如子屬商音姓點水傍字姓與孫齊謝耿姓之類如此則無所遁其形吾嘗詳其捕人之中虜與否何以詳之視三傳中之末傳與勾陳所乘之神而已然不可並視也並視則惑矣如三傳中勾陳見則視其所乘之神　如勾陳乘神克元武乘神則捕得　勾陳乘神作日德或作日刃或作天乙或是天罡則捕得皆中用也　若勾陳乘神生元武乘神者或與之比和者主受賄私通而不得　元武乘神作日刃而又克勾陳乘神者主為盜賊所殺害

而不得　或勾陳乘神爲元武乘神所克者主爲盜所捍格而不得　或勾陳乘神雖克元武乘神而彼值旺相此值休囚主賊勢大黨而不得　或勾陳乘神與元武乘神一同者主盜係親族以情縱而不得　彼值旺相此值墓死者主捕人病亡而不得　彼辛此丙彼丁此壬彼乙此庚彼己此甲彼癸此戊彼子此丑彼申此巳主捕人之妻　謂彼捕人亦黨賊之合夥而不得凡此皆不中用也　或改捕或添捕而後可矣

若三傳中不見勾陳則當視末傳蓋初雖中賊末吏此著法也故兼用之如末傳克中傳者捕得如末傳與中傳比和或相生者捕不得其消息之法與視勾陳同例　然必捕人中可得一而後可差矣又當明制元武之法如元武是酉則用丁命捕人取火克金之遁內之合也則可捕之盜賊無一失矣然必審天時明地利察人情三者備而後可至於遠年大盜賊徒而不得其方向者則以天目繫所歸之方而索之（如春占天罡是辰辰加子則於子方索之得矣）占捕盜而

[illegible]地盤是月將天盤乘元武者即可急捕之所謂太陽照武宜擒盜也若日入時不用　元武作大歲者京師捕得之月建作元武者州府勿捕得之　元武作祿馬者本處市井捕得之　若夫克應之說捕盜亦可記取與前法參用猶並行不悖神應而不詭者

元武加酉其賊內中有陳首往西位有冲嶽石出金銀坑有寺觀庵院下處見一小兒騎牛有數隻雞噪報信良久有人打兩砧自歇　加戌其賊在西北大路開店行五路見牧羊人問之見女人寄信賊欲出

亡為惡犬所傷而止賊形有鬚髯賊性很毒與六親
不睦賊愛毆獵　加亥其賊愛猪後門有惡狗前
門有女子官府公文貼在門上見一女入於四里內
手把兩魚問而知信戕亦能逾獲時有猪災來　如
加子其賊方在廟還願亦有女同行行九里女子欲
哭而立手把餅子問而知信其賊輕盜似女人　加
丑其賊在東北平田之所有數頭牛與殘疾人同居
喪禍之家行八里內有一陣旋風有龜鼈　加寅其
賊在東北方寺道或清齋精在大林木之間行[illegible]里

見一班貓兒又遇一道士問之知信大的　加卯捕
人討火種知信行六里見人持傘來行者術士相鬪
知有有雷雨或見一兔子走或見新造船車　加辰
其賊衣紅衣者青鞋自岡嶺而來項上有鬚行五里
見一人持秤而來問之知信　加巳賊爲燒香往鐵
店持鐵器行二里見二女哭泣見之知信　加午賊
在窯冶中與善人說騾馬事行九里見人騎馬舉鞭
而知信　加未其賊在園林邊住三人共一婦門前
有楊柳樹前門有石槐後門有窯行八里見人手把

楊柳枝牧羊問之知信　加申其賊在孫源邊遙弓強行七里見貧子手把竹杖問之知信有獵師知去路良久兵馬至賊就擒矣此亦以類神若應之理也

外有盜自首自敗相競相告門爭在不疑何以占焉以子午爲來方以二將所臨下方爲賊來方陽日午下陰日子下以寅申爲去方以二將所臨方下爲賊去方陽日申下陰日寅下此一法者說亦查茫且不必占也故略而不載

占歲

所宜吉神

五富 祿神 無翹 金堂 玉宇 天喜

陽德 歲德 天德 月德 天順

所忌凶神

九焦 五虛 月空 金神 大時 死神

死炁 天賊 盜神 喪門 弔客 黃旛

豹尾

占法

大要視太歲爲主如日上發用與太歲相生相合者吉日上發用與太歲刑冲破害者凶詳視課傳與太歲相生相合者何神木神其年宜菓木火神宜小麥荳麻絲綿土神宜五穀麻荳金神宜交易貨賣金銀銅鐵賤而米穀貴水神宜漁鹽麻荳四足物賤之類詳視課傳與太歲相克者何神如木神其年多風火土神其年多陰曀瘟疫金神多盜賊刀兵水神大澇民徙火神旱蝗所喜者青龍乘功曹入傳太常乘從魁入傳也所忌者大殺落空亡及空亡加歲上蛇虎

乘神克歲上之神乘罡乘凶加歲月之建也要以歲祿所臨而定其何方爲最熟如祿臨午則南方最熟例天臘日占之不誤矣正月初一

審象精蘊下

癸圃老人增補

貞晋

占田鑑

所宜吉神

天德　月德　德合　玉宇　金堂　天願

五富　六合　祿神

所忌凶神

三煞　五虛　月空　天火　死神　死炁

九焦　金神

占法

大要占田者以日爲農辰爲田要日辰上下彼此旺

相相生而財神臨家長行年上則豐登十分日生辰
日上神生辰上神五分如課傳有財神而家長行年
上不吉五分辰生日或辰上神生日上神十分　又
當視類神所屬以察其何種爲今歲所宜如木神主
黍苗寅旱禾卯晚禾火神主赤紅豆上神主巳麻
丑大麥細金神主麥申大麥酉小水神主稻豆亥稻子
豐　又當視課傳日辰以察其何物爲今歲所宜如
課伏吟宜近田返吟宜遠田辰上神辰巳午未申卯
宜高田酉戌亥子丑寅宜低田　傳財神旺相高低

皆宜發用在日上兩課宜早種辰上兩課宜晚種

又當視田郎以太歲加家長行年上看寅卯之辰臨於何方若臨子丑爲田郎課傳中見此亦主大收

又當視蟲神辰巳未戌爲蟲神三傳見之主蟲傷鼠耗加家長行年上神制之無妨而占田之法明矣

大要占蠶者以日爲蠶蟲婦辰爲蠶要日辰上下彼此相生而財神臨家長行年不吉五分辰生日或辰上神生日上神十分生日辰或日上神生辰上神五分　又當視蠶命之所屬而詳其所臨何如午爲蠶

命未為蠶葉申為綿絮酉為蠶僵戌為蠶簀亥為蠶死子為鼠耗丑為眠化寅為蠶繭卯為蠶絲辰為蠶箔巳為蠶筐如蠶臨寅上則收成可嘉其餘以意消息之　大段又要乘吉神如乙合龍常之類若勾蛇虎元朱空則不吉最忌與大歲相刑克害　又當視蠶年之所屬以詳其生克之何如亥子丑年居申寅卯辰年居亥申酉戌年居巳巳午未年居寅如蠶年上神生蠶命上神則吉蠶年上神克蠶命上神則不實最忌蠶命與蠶年落空蠶命尤為最要　又當看

蠶室以蠶命行年加太歲惟天上寅卯午未申方利宅乘吉神者尤利　又當視葉未乘朱雀虎勾陳太陰加子皆主桑葉貴午加未桑葉賤蠶桑屬未也而占蠶之法備矣

占六畜

所宜吉神

五富　玉宇　金堂　天德　歲德　福德

合神

所忌凶神

死神　死炁　五虚　厭對　金神

斷曰　以日爲主辰爲畜辰上生日則畜易長日上生辰則人多勞苦辰上克日則喂養有傷日上克辰則百物難養三傳財神旺相則吉三傳財神休囚則凶

詳辰上之天官以參人事如辰上神刑干帶破碎煞者亦有妨於主人若所乘天官又內龙驗於蛇主非横乘勾主爭鬬乘朱主口舌乘虎主死亡乘空主虛耗乘元主盜失乘后主陰私以物買日正時占之審矣詳本屬之所臨以定衰旺牛屬丑馬屬午羊屬未雞屬酉犬屬戌猪屬亥驢騾屬卯鵞鴨之類亦屬酉猶屬寅以五行生旺死絕看其臨於何處而決其衰旺假令牛屬丑土則長生於申敗於酉祿於亥旺於子病於寅死於卯墓於辰絕於巳胎於午之類若空亡

或乘空臨空必然損失最喜者屬臨生旺而神將皆吉最忌者屬臨死絕而神將皆凶如乘元走失乘虎災病而子為屍寅為脯師巳為竈丙為刀砧課傳三者並見又血支血忌死神死炁併之必為人屠戮也若走失者亦視本屬所臨而尋之如失牛看丑臨何辰臨午則火土相生必屬其所臨寅卯非繫節屠之類若本屬乘元空主賊偷去乘合陰主人藏匿乘乙未在宅臨月辰即日歸其走遠者以天上本屬去地下本屬幾位數之如去六位旺則六十里休囚

牽相則二十六望此占六畜之大較也

占魚獵

所宜吉神

日馬　驛馬　凶神合神　祿神　六合

天喜

所忌凶神

天虛　大煞　小煞天獄　地獄　游禍

金神　往亡

斷法　以日為人辰為物日為網罟弓矢辰為鳥獸魚

鱉如課內日上克辰得辰上克日不得日上生辰上

不得辰上生日上得辰上旺相長生入墓帶生烝皇
恩天赦月德支德不得辰上休囚死絕刑冲破害犯
死烝刃砧破碎血支血忌得日干加午不得日干加
砧得而所得者以類神詳其何物如類神作日財日
傷食官印者是又視其生旺死絕何如不拘課傳皆
可加子為鼠屬丑為山牛寅為虎豹卯為兔鹿狐貉
辰為蛟龍巳為飛鳥蛇蟲午為馬獐未為山羊申為
猿猴酉為雞屬戌為山狗亥為野獸魚鱉加伏吟加
本位或不加本位而加子加亥則不可得矣作空亡

亡得之宜遠綏則遁遁矣

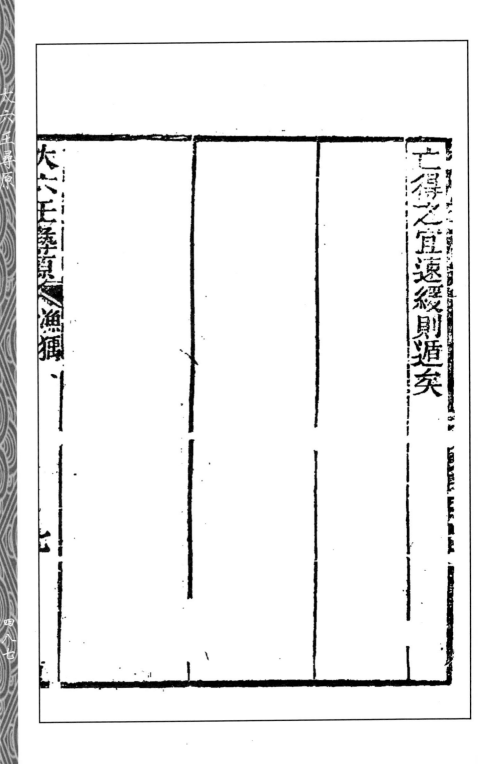

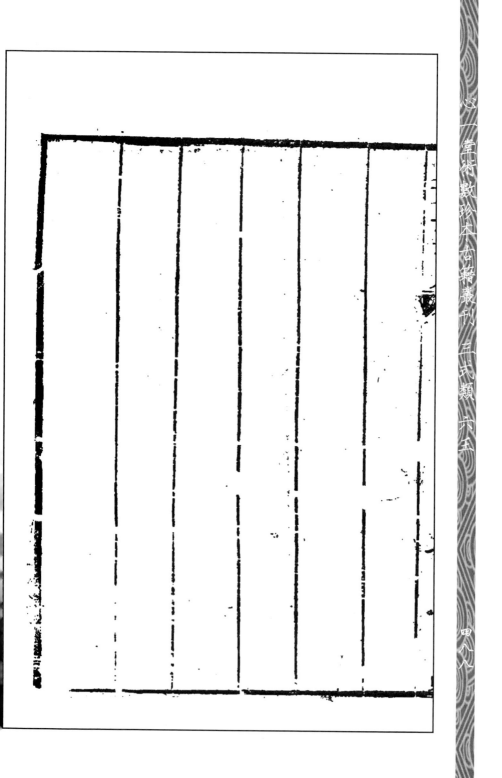

占奴婢

所宜吉神

德神　合神　無翹　福德　天願

所忌凶神

月空　五虛　天賊　歸忌　往亡　血支

血忌　厭對

占法　以日爲主人辰爲奴婢而奴屬戌婢屬酉如辰上神生日上神或辰自生日又乘吉將如乙合龍常陰空之類而三傳支德發用不落陷刑害者奴忠婢良如辰上

神克日上神或神自克日又乘凶將如勾蛇虎未元之類而三傳日鬼發用又傳刑害空亡則奴好婢惡　酉戌乘龍則奴婢可託酉戌乘六合則奴婢將逃酉戌加太歲則奴婢災刑酉戌作空亡則奴婢不久酉戌所臨之辰生我日干吉也克我日干凶也酉戌臨于克干彼必犯主不可留也酉戌臨支克干彼必無成不必留也　捕捉走失者大抵與捕盜同如四課不同類神未遠三傳不見類神不獲類臨于外獲遲臨支自歸也類臨日之陽藏匿鄰里家也臨支之陰藏親戚家

也餘詳捕盜法占

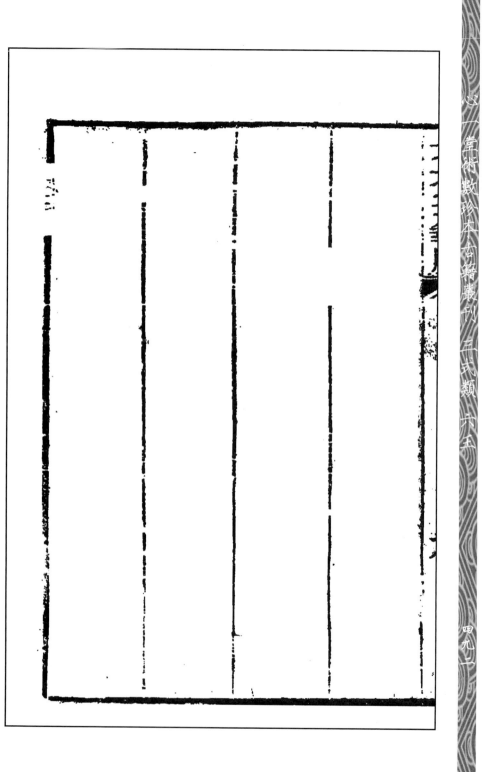

占埋葬

所宜吉神

天德　月德　歲德　無翹　聖心　天馬
驛馬　五富　天願　益後　續世　玉宇
金堂　陽德　陰德　福德　喜神　就德
天喜　合神　祿神

所忌凶神

劫煞　災煞　歲煞　月煞　大煞　小煞
喪門　弔客　黃旛　豹尾　歸忌　往亡

月空　厭對　大時　天獄　天火　天賊
死神　死炁　五虛　金神

占法　以日爲生人辰爲亡人與墳地辰生日辰上神生日上神爲吉辰克日辰上神克日上神爲凶傳生日者吉日生傳者凶凡已葬之地欲安穩不欲刑害未葬之地欲生旺不欲破敗以亥爲天柱　寅爲青龍　申爲白虎　子爲水　以元武所乘神爲主山如乘寅則寅爲主山所對爲案山課傳並見則數者俱全如缺寅則青龍不足之類而其凶吉則視上神如何如寅是青龍上神是亥則相生爲吉

上辰是酉則相克爲凶又當謂人存之吉凶何如也以青龍衞太常以合鬼之
其發墓卿青龍與太常相生合而無刑克者吉反則凶以天貴上一辰貴
所陰若有貴顯傳貴同孟者有陰長貴遊戲四仲者陰次日辰上見四季者以天辰上之
所乘定其所應如人生年馬與造日𡋯上馬斷吉凶
遇併天馬或丁神臨辰主遷移不定蛇雀飛廉發
客亡天鬼大煞伏殃臨辰主怪異蕩㦛六合元武作
辰鬼臨辰主門戶不潔若吉神良將旺相生孫臨辰
辰上下相克害則人鬼咸寧富貴雙全大吉 一以
五行之發用定塋後之吉凶 以辰陽辰陰定死生

之藏在上死墳視辰陽即第三課生墳視辰陰即第四課死墳大略已見前矣生墳忌見死神死炁支破蛇虎加臨辰陰尤忌克門與克月上神而五姓氣墓之說宮羽姓墓在辰門所在庚喪庭在甲商姓墓丑所庚穴丙喪庚角姓墓未所甲穴壬喪丙徵姓墓戌所丙穴甲喪壬若上神得寅申臨之主大吉富貴而術重者墓也

天柱太歲之說以亥上加太歲但取天盤寅申巳亥下爲吉地可用也亦可參看

行欲知墓下何物則視課傳五行之所勝者而次之
假令金勝則其地多高器太歲下有骸骨瓦石金銀
銅鐵等物
行欲知墓旁有何物則視丑未卯酉之所臨者而次
之以月將加正時太吉下有伏尸小吉下有廟不從
魁下有盤石太冲下有湧泉餘皆無物占無餘矣

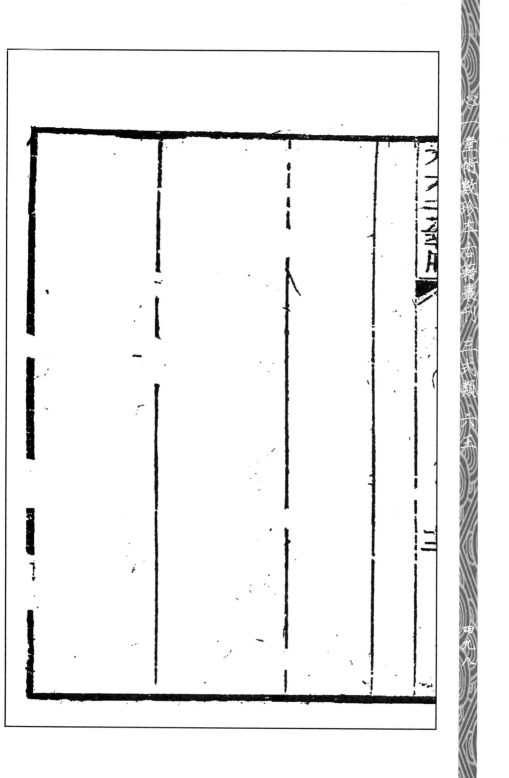

占出行

所宜吉神

二德　合神　二馬　吉期　兵寶　六合

喜神

所忌凶神

上朔　往亡　歸忌　死神　死炁　大時

天吏　遊禍　三煞　天賊　盜神　五虛

古訣　以日爲人辰爲行意辰土克日上不行辰土生

日上必行細分之

日臨支辰者魁罡臨日辰年命者天驛二馬及丁辰
臨日辰或發用者日上旺相斗罡加季者巳亥加卯
酉者反吟見丁馬者必行也　墓臨日干者辰上墓
日二馬三合六合或馬值空亡馬臨辰生者日上休
囚斗罡加斗孟者日辰上下相克而用起貴人者日
墓發用無冲破者伏吟無丁馬者不行也　白虎乘
子午二馬在傳在天乙前者急行也魁罡加日本者
不得已行也　日上神吉宜陸行也　辰上神吉宜
水行也　臺土辰加辰　關格辰加午辰加酉管籥發用行人四

滯也　辰戌乘六合加卯酉官鬼朱元陰加財爻行

人私遁也　發用子午申辰命上凶神行克不得行

也　傳見太冲乘蛇虎舟輿壞也　發用天盤地踏

申加巳戌申加辰亥防摽掠也　元虎乘日鬼發用驚盜併也

此皆所當慎者惟戌加申辰加寅臨日辰年命上作

用則利有所依往矣

寄宿而占則視日辰日爲客辰爲主若辰上凶神惡

將克日者辰上加蛇虎魁罡者辰上登明乘空者辰

上見酉午者與行人命上見二后者俱不可往宜急

去之無此數者方可留也
宅家而占則視天官發用乘貴常龍合陰則家內平
安雀主口舌蛇主驚火勾主爭訟虎主災病元主盜
失要日辰上下旺相相生爲吉
迷路而占則視天罡加孟路在左加仲路在中加季
路在右如不明但丑未下求之得巳亥下可宿也
飢渴而占則視丑未求食向大吉下求飲向小吉下
也
見人來而占者則視丑未神后加孟長人加仲商賈

加季奸惡

其船上來者則以天罡決之加孟貴人加仲商人加季奸惡

具刀杖來者則以日辰視之子亥巳卯相識為賊辰戌寅申為吏酉午逃亡丑未送喪若神后乘卯竊佹也

聞鼓噪而占則視方向視閉方上見乙常是尊貴呼擁護合是鼓樂宵譁勾陳爭訟朱雀官吏口舌天空白虎相殺或舉喪太陰祭祀神廟天后陰私爭訟

若路上有人送酒食來者則視呂長上寅戌子卯加之不可飲食餘無妨碍

若出行欲察訪密事須於酉月酉下天耳卯下察之必得其情而出行之占備矣

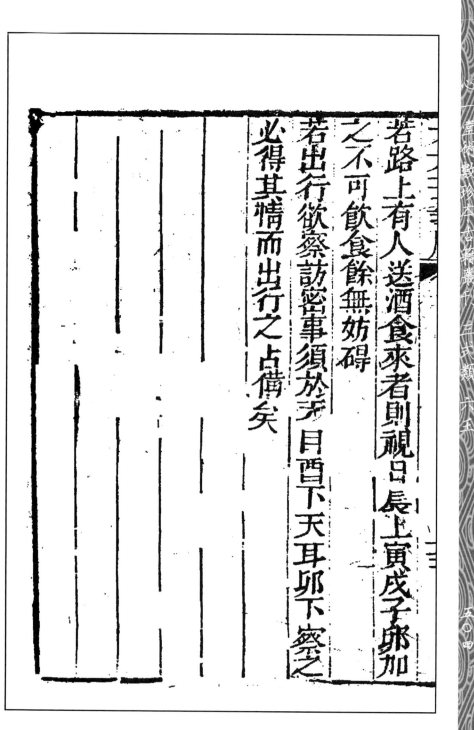

占訪謁

所宜吉神

二馬　二德/合神　歲德　福德　五富

所忌凶神

游禍　天獄　天火　大時　往亡　月空

天吏

訣　以日爲己辰爲彼若日上空亡我必不往辰上空亡彼必不來亦不見辰生日訪之有益辰克日訪之無益　日貴發用往而不見　斗罡加孟必見加仲

可見加季下出小吉臨辰上必見　巳亥加日上必見　用神與所往方神合必見如所往方是寅而用神是亥爲六合所往是寅而用神是午爲三合皆必見者例也　又當視所謁之類神見大貴視天乙見臺省部院視太常見二千石視青龍見將軍視勾陳見長吏視朱雀見婦人視陰后之類如類神臨日辰發用必見落空不入傳課不見也
又當視貴人而决見否若天乙與日辰相生貴人喜悅天乙與日辰空克貴人嗔怒若天乙乘子可待乘

丑在家不出乘寅出乘卯舍孔東婦去乘辰有病不出乘巳近出明日歸乘午可待乘未欲酒乘申遠出乘酉在家或途中相遇乘戌出弔乘亥可待如日貴臨日辰發用必見如日夜貴神加在貴人之家有事難見　又當視日德之陰如用日得寅臨地盤之寅乃日德之陰也視其上乘何神如乘乙貴人喜悅乘蛇貴人口舌乘朱彼有文書事乘乙彼有交易事乘丁須防鬪爭乘龍我可求財且求無不得乘空有虛詐乘虎彼有孝服遠信事乘常彼有飲燕我當登席

乘元彼有失財事乘陰彼有陰私事乘后彼有婚姻事　又當視課體如伏吟柔日昴星徃而必見　貢物而不知受否則視日辰辰克日必受反此不受投書而不知達否則視朱雀所乘神與貴人所乘神相合則達否則不可達　有求而不知遂否則視類神如求財物視青龍求文書視朱雀求酒食視太常若乘神與日相生合或加臨日神發用必遂否則不遂此皆訪謁之占法也

占爻易

所宜吉神

天德 月德 合神 六合 喜神 祿神

五富 福德 玉宇 金堂 聖心 天願

所忌凶神

五虛 天賊 往亡 大時 死神 死炁

占法 以日為人辰為物買物以辰為我日為彼用神為物賣物則以辰為我辰為彼用神為物故曰傳辰則買物成辰傳日則賣物成日辰俱吉則物貴宜於

賣也日辰俱傷則物賤宜於買也日財旺相物雖濫惡而必售日辰上乘青龍而日辰克之物雖珍寶而而必獲日吉辰傷物雖售而利少日傷辰吉售雖遲而利厚類神乘蛇而帶囚死價雖賤而不中而其物則視類神加子爲絲綿之類若物類與日辰相生三傳旺相更得良將吉神或見成神易賣而有利類神與日辰比合三傳旺相更得良將吉神或見成神其物易買而可居若物類不見課傳雖見而空亡入墓休囚無氣日辰相刑害者則買賣俱不得其交

易所宜之地則視青龍所臨之方與驛馬長生所臨之方而往買三倍矣

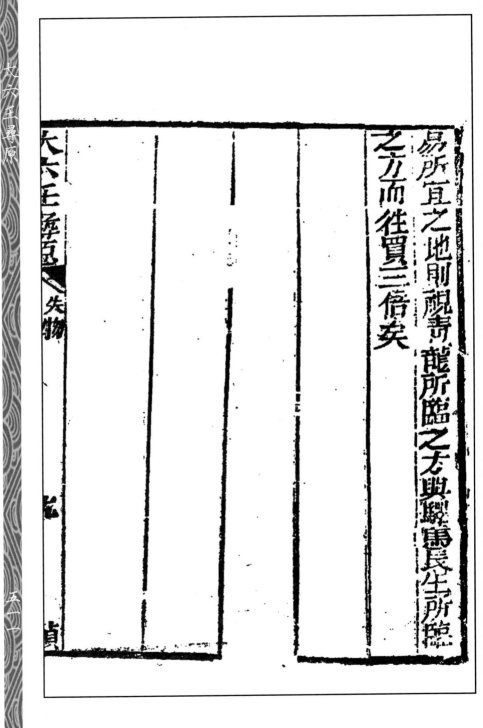

占失物

所宜吉神

天德　月德　陽德　陰德

所忌凶神

五虛　死神　死氣　往亡　大時

占法　以日爲自巳辰爲他人所失之物視類神與發以占

類神同　凡類神見課傳而不乘元武不落空亡者當於類神所臨之地尋之假令珠金銀類神是酉若加子上則當於房內尋之蓋子爲房也若子加卯則於房

丙東方尋之蓋卯爲正東方也類神不見或見而乘元武者主爲人盜去如元臨卯辰巳午未申則白日盜去元臨酉戌亥子丑寅則夜間盜去　或見而落空亡者則遺失不獲若辰上天空空亡而不見元武者家人隱藏也　日上乘太陰隱藏之人不密而可等也　若太陰六合與類神三合六合亦可尋　類神見勾陳入勾而終返也　類神作長生或入墓雖失必得也　類神臨日辰木命不失也貴人順行元尋不見自遺失也　貴人逆行元武入傳斯被盜也

若疑家人為盜而不知孰是元武臨行年上者是也　若失物為賊所盜而不知其為何人則視元武陰陽旺相可前知也武乘是陽則為男人是陰則為女人旺相為少壯休囚為衰老若知物為賊所盜而不知獲否則視元武克制何如也　如日上神制武所乘神必獲若太歲制者年內獲月內制月內獲行年上神制者亦可獲否則不可獲矣　至於課體占者如知一為比家取見幾家內尋伏吟盜未出門龍戰家人寄鄰昝時可見斬關難覓之類占失物者可參見也

占詞訟失物也

占詞訟

所宜吉神

二馬 二德 合神 歲德 喜神 普護

陰德 解神

所忌凶神

天吏 天獄 往亡 上朔 厭對 天牢

勾絞

訟 占訟須分內外 內而與家人訟則以日爲尊者辰爲卑者外而與他人訟則以日爲原告辰爲彼

告

無對頭者以日爲官辰爲己故觀日辰之克制吉凶而勝負自明如日吉辰凶或日克辰則尊者與原所勝辰吉日凶或辰克日則身者與被告勝日辰比和則和合矣

當其投狀也則視朱雀如朱雀乘神與天乙乘神相生合或比和而初傳生日干者狀准反是不准 及其狀准也則視勾陳如日克勾則詞得理勾克日則詞失理 天空乘日辰年命而鬭神入傳與空神覆

支干年命上而又自投墓者主監禁遇鑰神則出鑰神者春巳夏申秋亥冬寅若白墓傳生或冲墓亦出曲直傳作而克日者主枷杻勾陳乘木神克日與白虎落獄亥爲天獄者主杖責

勾陳陰神化虎帶凶煞如破碎煞大殺而傷者主重罪

勾陳乘神化貴帶生炁而生日者主釋放遇貴而脫勾陳俱克日辰者主兩敗　勾陳比肩日辰者主不決視日刑而定罪其法以寅午戌日見午爲正刑己酉丑日見酉爲正刑申子辰日見辰爲正刑亥卯未日見亥爲正刑如遇一刑見督罪二刑見大辟又午爲火

刑酉爲金刑辰爲水刑亥爲木刑亦當消息之
傳用而審衙門如遇太歲朝廷月建臨課傳司道月
將部院亦須分日辰辰課月建府州縣日課月建司
道　乙龍常后所喜神也勾雀虎蛇所忌神也　朱
雀開口旬之尾訟枉難伸　白虎開口訟凝遭罪　斗
罡臨日子孫在傳與貴人履獄如辛日貴臨戌乙日貴臨辰也因禁
立出也若天后臨門卯酉而加日辰與三傳作日之印
重辟猶甦也吉神乘太歲與吉殺併皇恩天喜天德天馬德日之類
而臨日辰與發用者恩赦至也　天乙傳六合六陰

囑託宜也　天乙順治而加日干理可待也直者勝曲者負
天乙順治而夜加晝晝占得夜貴夜占得晝貴多疑暗也　貴人傳
而克日宜改換也換官可勝　貴乘勾而克日被拘災也貴
人空亡不結案也　貴人克害遭曲斷也貴人克害日傳傳克害貴人皆是
首尾行迴加旬首加旬尾旬尾加旬首乘日辰　初絕末生初傳日鬼
見絕末傳生旺防再發也　六害三刑凶神惡將若見之於
日辰發用者訟大負也　元武乘神教唆鬼也須察類神
而定其神爲何人神后亦臨避罪方也則訟不可已乎　至於
決大疑重獄而欲得囚之真情者則以日爲己辰爲

爾坐已於制囚之方則彼當旺實若日辰上見天斤空囚忍楚不昧斯

亦理之足據者附書之

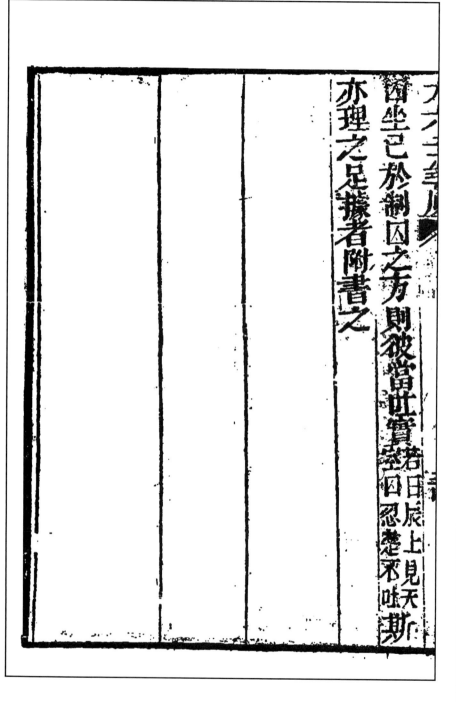

占怪異

見所不常見聞所不常聞則為怪異故於見聞異似之間定式視之課傳內有螣蛇現者日辰上有消行大煞月厭臨者怪異甚斯真而不知其為何怪也當視神后所臨之辰可辨如神后加子又當視螣蛇之陰神而可推如發神作生氣旺相為怪者必是死物死氣休囚必死物也怪異明矣然其占人年命上吉神良將雖怪何傷必占人年命上惡神凶將終怪咎成矣亦當脩德以禳之

若見暴風起於庭內而占者則視方向如風自天乙

上來則貴人出遊　蛇上來火燭驚憂　雀上來則
有口舌官訟　合上來則小口不安　勾上來則訟
人官避　龍上來則吉人徵召　空上來則爭小訟
獄　虎上來則疾病喪弔　常上來則酒食官饋
元上來則盜失須憂　陰上來則奸私事起　后上
來則婦女有災　又當視日上神將何如吉凶災詳
隨方向而消息之
見虹霓入於宅內而占者則視日辰爾日視日上神
家日視辰上神如吉神良將加於日辰三年後必生

貴子日上神是陽神貴男也日陰神貴女也如日臨
惡將及死墓刑害加於日辰主八離財散
見井泉自溢而占者則視日上如吉辰臨貴人當有
榮若乙龍加日辰相生主生貴子日上若不吉主離
居
見樹木自枯而占者則視年日視行年與日上俱吉
者無妨凶者主災病或主分居若年日上乘元武主
准應盜賊
見什物自動而占者則視日辰日辰上吉而旺相主

財喜加官日辰上凶而囚死主遷徙疾病
見烏鵲污衣而占者則視天罡罡加孟口舌加仲失
財加季反得財如月辰上凶甚則主喪服
見蟾蛇當道而占者則視日上如月上神能制螣蛇
則吉反制則凶日上乘天乙青龍天后主喜慶太常
主酒食勾陳主鬬狼血光白虎橫屍道上朱雀火燭
驚非餘神乎蛇順去則吉逆來凶　倘見蛇交者視
天罡加孟骨病加仲同姓婦人災加季吉加在水火
交界處主口舌

見太陰往來而占者則視月川如太陰加日上臨辰日主變方有暗昧之人如用起元武者主防盜賊之失餘並以日用上神將吉凶斷之問其聲譽者吉則財喜凶則火盜以日上年上視之

見蠨蛸蜂聚而占者則視聚處如聚門戶者貴盜賊驚危聚井竈及床者有瘟病流病聚中庭者家散人離聚横梁者火光將動聚刀砧者血災聚櫃巾者囚禁聚衣巾者死喪聚車輿者主憂若如日上年命上吉者則無事

聞鵝鴨而占者則視年日如日上行年上吉或乘乙龍者主貴人入宅如日上行年上凶或乘勾虎鬼元者主宅龍不安當應驚徙

聞犬吠而占者則視日辰日辰見天罡登明虎遇傳送生人太冲樹倒勝光風吹草木螣蛇遇行人至大哭聲不然人來小吉客來求食功曹主官事或入室

聞牝雞鳴而占者則視從魁如天乙乘酉主吉慶聲將空亡主虛鳴春叫夏秋冬主口舌冬主男孤女寡少有

非時臨者謂所當見卯衰辰蛇加辰酉臨後酉戌神
乘蛇防災要学於變之法則視魁罡二后者方見
生見星宿與刃來寅剋者祭饋祭土然不若修德之愈
也

占法 剛日視日上神柔日視辰上神而以發用參決之中末俱未必視其詳當另具一書其略則附之也

以課體占則潤下爲近水曲形之物炎上爲近火尖虛之物曲直爲形長者木之物從革爲彩方金鐵之物稼穡爲土產間厚之物伏吟爲近物亦水邊伏匿物之物反吟爲遠物亦許路往來之物陰陽不備則不完全之物惟此八課皆覆宜用

以發用占則用起月建前者爲過去物用起月建後

者爲未來物用起月建者爲現在物
以十二辰占則子爲絕水之類
以十二神占則天乙其物黃白之類
以數目占則甲己子午九之類旺則乘而倍進休則
從本數囚則上下相乘相則乘而進死死減半空亡
刑害減去二分假令巳相辰休則巳四辰五爲九囚
則上下相乘爲二十相則乘而進作四十旺則乘而
倍作二百也死則減半則作四數半空亡刑害減去
二分九本數減去其六則作三數也

以五行占則占色者當知金色白縹木色青碧水色黑綠火色赤紫土色黃褐旺從本色如金旺則言縹相從子色如金則言黑綠休從母色如金休則言黃褐囚從鬼色如金囚則言赤紫死從妻色如金死則言青碧也

以類神占則於神將所當類神中求之

由是而占物之生死則以旺相長生爲生物囚死刑墓爲死物　占物之方圓則用起孟爲圓仲爲方季爲尖碎　占物之有無則月辰上與發用上天空

亡無物餘皆有　占物之左右則天罡加孟左加仲右加季左右皆有　占物之覆仰則罡加孟仰加仲中正加季覆　占物之徵簌則占殺者當於漁獵中占三十六禽依類言之　占簌者　子爲白芥蔓菁丑爲紫菜瓜蔞　寅卯爲園菜蔓菁　辰爲菠薐巳爲萵苣　午爲茄子　未爲筍蘭　申爲蒜頭莪菌　酉爲薤蘿蔔　戌爲馬莧葫芹　亥爲芸臺荽子　合而言之長生者物新小沐浴者物滑澤冠帶者物枯朽臨官者物壯帝旺者近實即用自表

至義者廢舊不堪旺爲圓軟相爲方嫩死爲直破囚爲細碎休爲輕形不全大都旺相者其物新而完囚死者其物缺而舊也

至用以姓字占者則剛日視中傳柔日視末傳以干之辰決之如子爲姓孫齊謝鄭江阮孔虞任沈賀杜耿聶沐漆汪之類餘倣此

大六壬

三

悉照徐氏訂本

推命秘旨

癸圃老人校

貞卌二

綱領

推命之法先將年月日時排定再推是何月將即以月將加時法立成課體然後將貴人十二宮行年月令大運小運（小運即行年也）神煞安身宅以次徧列玩而占之如秋月寒潭照人毫髮纖悉不爽富貴貧賤壽殀窮通滕如指掌

演課式　假如甲申年甲戌月庚寅日壬午時左命其時當用辰將即以辰加午一課列後凡學者宗之

大六壬…

三

神煞 七歲神煞

神煞神煞 壬祿 七十六
萬十五 小運行出
青空 白常
男命財帛 命宮相貌

天后十三 青午庚 午未 巳酉
蛇六 六辰午 神煞廿八宮 已 身 戌 德驛馬 九廿三 神煞
辰寅 甲子庚 后子寅 神煞 廿三六 妨辰 亥 官祿 陰 七十六 神煞
大十二 元戌子 卯寅丑子 發科 妻 危 遷移
少 初限 十九年
壯 中限 三十三年
老 末限 五十三年
男 昊 奎 子 女 蠍 翼 后
神煞 神煞 神煞 神煞

十二宮例

一命宮二財帛（如女命改粧奩亦可）三兄弟四田宅五男女六奴僕七妻妾（女命改良人）八疾厄九遷移十官祿十一福德十二相貌．如上甲申年一課卽以天盤申字爲命宮未字爲財帛依次逆安

安身例

如生人之日是甲子甲寄在寅卽以寅字爲身宮加壬午日壬寄在亥以亥字爲身宮總依天盤定盤不算如身宮落在地盤亥上名身登天門

安宅例

如甲子日生人子居丑位天盤丑字爲宅居未以未爲宅

月令起例

月令即小運也如行年在子以子爲正月亥爲二月行年在午以午爲正月巳爲二月依次逆行便知何月吉凶

大運起例

大運行法與子平異用大衍數從命宮逆行大衍數

即子午九丑未八寅申七卯酉六辰戌五巳亥四是
也　如上甲申年一課以申爲命宮申乃七數便從
七歲起運逆行至未未乃八數加上七數則十五歲
至財帛宮從而加之觀其生尅則運限之吉凶明矣

小運起例

小運即行年小限也如甲子命男起寅順行女起申
逆行詳在三學發蒙

三限起例

三限者即初中末三傳主人之少壯老三限也如初

傳是寅寅乃七數位居地盤亥上亥爲四數其井之合
得四七廿八再減半得數十四仍以地盤亥上四數
加之得十八作爲一限餘可類推當看其祿煞吉凶
生剋比和而斷其三限之得失

正跨青龍

如乍人本命是子加於寅乃青龍命帶吉將作羣馬生合學堂於課傳身宅無遇破格之神便主極貴高閑之命若他處有帶蛇虎來沖尅壞其貴氣則亦不美矣名跨龍不仕

倒跨青龍

如乍人本命是子寅乘青龍加於其上則龍返來就我而我得跨之故名倒跨喜課傳狀助吉神良將加護則主大貴

富之命如來冲尅更兼空亡或自敗氣者則又不然矣

雙騎龍背

加生人本命是辰加於寅上或寅加於辰上皆謂之雙騎最怕申戌來冲克傷宮生扶比和吉神吉將拱護則主富貴奇局如課傳中有凶神惡將來冲尅損傷則非是格也

二龍御命

如生人本命是子過寅加於其上又辰爲上龍加於寅上課中只有此一貴氣

之格最怕無氣冲尅反嫌合神合去一
龍則不爲之御命矣若再遇內冲尅身
命爲二一龍傷命必爲窮困之命更復爲
至賤之人也

龍化土蛇

加生人本命是寅加於巳爲蛇之本家
更有騰蛇乘之此爲賤命返喜來冲更
喜合去蛇之乘神爲福吉返怕吉神臨
於蛇口中生終有六志而不伸也此格
多主富貴之家

王蛇化龍　如生人本命是巳或帶螣蛇臨於寅上前後吉神貴將拱護及太冲六合居於有力之地則化之易且更顯然倘龍作空或被冲則為之化而不化返主賤也此格多生貧賤之家

乘虎從天　如生人本命是午帶白虎臨於亥上或本命是申加亥上亦是此格內喜吉神將亦不畏凶神將冲合俱宜見也惟怕無煞此格主威鎮邊夷公侯之命如逢

無氣使爲無賴惡徒也

履虎尾格

如生人本命是未或本命臨未是也若逢吉辰貴將助扶亦得福裕不見吉神良將便爲術士吏卒之流意見刑合不怕無氣猛則虎驚不猛則虎要噬也有狐假虎威之喻

立虎首格

如生人本命或酉或本命臨酉是也此格主人折沖禦侮功名蓋世若無氣或將亦無氣徒立虎首而抱驚懼之心自

不敢出顯之象不畏沖合最喜有乘而遇吉助也

熊之騎虎背

如生人本命是申又乘白虎此最喜制服不問神將吉凶最喜有氣此人必有猛烈剛傲之性而人不敢犯武則好殺文則輕刑有清正之風無媚諂之氣乃英豪也

虎化狸格

如生人本命或申加戌上或帶白虎落戌上其人必爲軍流吏役或因罪得從

也再無氣並空乃為朱門餓莩如逢吉神將上下逢沖合而終不化也有半福之象焉

狸化虎格　如生人本命屬戌加於申上或帶白虎再得寅立於得力處更要有氣遇吉神貴將帮助則化矣否則不能化也此應白屋出公卿之喻大抵化則貴不化則賤不可一概而論

命司天門　如生人本命之神加於亥上帶貴帶龍

后合朱並四馬皇書　皇恩璽齎城吏方爲得司天門决爲樞秘之職若凶將並空亡或別有沖尅皆不得司也輕則減福重則下流矣

天門不閉　如生人本命之神作閉口臨亥或亥作閉口皆爲不閉格主有大志而不得伸乃寒儒之命領別官有神冲之刑之或可少發福也

明入天門　如生人本命作太陽或亥自作太陽木

命立於其上爲助人主富貴不怕沖合
空亡忌無氣恐爲寒士

暗入天門 如生人本命上乘玄武臨於亥上或亥
自作玄武此神喜夜而不喜晝再逢旺
氣有魁罡厭後照臨定爲綠林中豪傑
或作亂世之奸雄如無氣逢良善之神
將或爲猥瑣之小使也

坐守地戶 如生人本命加於巳上帶貴常勾空主
爲看財庫也最喜有氣若無氣亦可爲

中人產業也若無氣再帶凶將而將又
無炁主至貧薄之命

夾拱地戶 如生人本命是辰加於午上乃往夾夾
已在中格之極富倘別宮又遇交明之
星照應則主以財發官最喜有氣帶吉
神將忌沖尅如有沖尅更帶凶神將則
不以富貴取之

朱雀束翅 如生人本命上乘朱雀臨亥子丑之處
朱雀落水爲之束翅主有七步之才而

不得展也或別宮上多朱雀得兌水息
或見木神雀得午騰翔有徽脂耳

朱雀騰輝

加生人本命帶朱雀臨寅卯巳午之上
東方木氣受生南方火氣並炬故為騰
輝格主文章蓋世官由翰苑如無氣更
帶凶神將則為寒儒也

四墓交錯

加生人本命屬土加於四土之上主人
豐厚有財倘別宮透出秀氣官祿顯
露魁堂印綬加拱又當以貴論如時合

無氣再帶凶神將則不見其富而見其貧困也

河魁貫甲　如生人本命是戌加於寅上是也宜修武業加別宮透出文明之星朝拱乃文武全備之富命尤要著有氣而忌無氣者無氣又被別宮冲破不以此推也

甲貫河魁　如生人本命是寅加於戌上是也其或用與河魁貫甲相近若有氣得吉神將扶助則為貴命也

朱勾拱拜　加生人本命是年加於辰上或本命乘朱雀臨辰上其命有氣主人性剛好辨有權貴君無氣徒抱不平之氣逐日訟鬪之人也

一十六局

黃金皇瑞三合金局從革也　祥光播揖三合火局炎上也　帝座淵穆三合水局潤下也　青帝施恩三合木局曲直也　稼穡中宮四季土局稼穡也

以上五格意生命生身更有吉神將扶拱別宮者有情且帝時令旺氣則爲富貴奇局如刑害沖破其身命更帶凶將別宮又無情又當以輕重較量榮枯也倘在空亡分三限之優劣究始末之窮通

北斗司權三傳亥子丑也　南極獻圖三傳巳午未也　西方聚美三傳申酉

戊也東海探珠三傳寅卯辰也

以土四格皆取各方秀氣為三傳喜生命生身更有吉將扶助別宮照應有情更居旺相氣則大富貴之命如刑害冲破其身命更凶將入傳別宮無情又當以貧薄推也其三傳之有情無情而少壯老之三限係焉

坎離交泰

如本命是亥子丑臨於巳午未或本命是巳午未臨於亥子丑乃返吟三傳也

最喜有氣吉神將與集則主發福如無氣者無凶將神煞則始終皆用兆

合震殺合

如本命是寅卯辰加於申酉戌上或本命是申酉戌加於寅卯辰亦返吟三傳也其所取用與前命同看

周天守躔

如年人本命坐本宮而不動自本宮而作三傳者最喜丁馬有氣入傳或帶吉神貴將則主發官與發貴不然則不以官貴取也

海雲雙秀

如生人本命是寅卯辰加於亥子丑上或是命亥子丑加於寅卯辰上連茹間傳等從命上發用入傳是此格也喜吉神不忌冲合若帶羅殺乃秀而不秀反不貴也

林火揚光

如木命是寅卯辰加巳午辰之上或命是巳午未加於寅卯辰之上從命上發用入傳或連茹間傳皆是此格其取用同前

金合北極　如生人之本命是申酉戌加於亥子丑之上或命是亥子丑加於申酉戌之上是也或連茹或間傳等從命上發用入傳皆是舊吉神將嫌空破煞遇德祿二馬等旺相則大發達若休囚無氣則不爲合矣

火明西獄　如生人本命是巳午未加於申酉戌上或本命是申酉戌加於巳午未上從命上發用入傳更旺相有氣無蛇虎凶將

惡煞遇吉扶助則必爭嚛也否則不以

此論

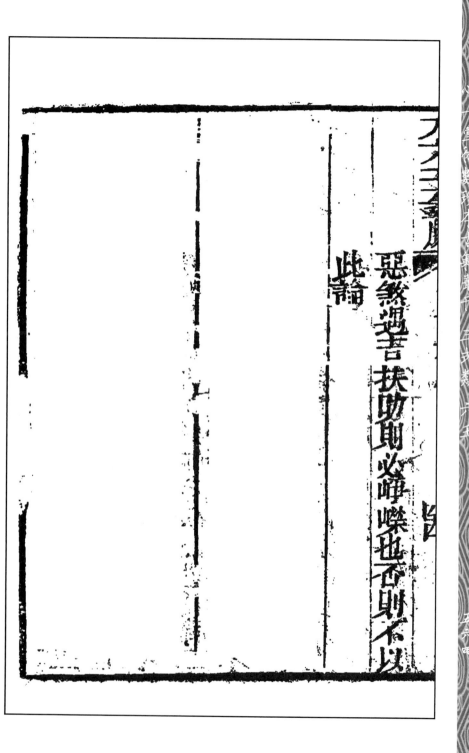

壬源賦

河圖肖象先後陳爻二氣生於無窮一理蟠而有據理乃達於地戶氣必貫乎天門禍福之機藏人門之妙用夫人生於世者有內造外遣理著於書者有生之克之或窮或通或夭或壽生尅制化究至理於無窮旺相休囚施妙用於不盡沖宮識禍福之先後合鄉是吉凶之幾急某運凶某運吉見爻於沖地此時窮彼時通是象於合宮問三合識其要略究五合瞭其統宗各宮之神終復以生尅爲用一生之鄉

廻還以制化爲先合宮吉而終吉沖宮凶而終凶鑑
大運聯知禍福之表裏依小限極詳吉凶之精粗大
限小限歲要生身生命本宮對宮俱宜多情多忌命
坐沖宮動搖知無寧日身坐祿馬顯耀知有光輝倘
命在沖身在合看神煞而以資判斷或命在合身在
沖得生旺而知獲全功干支之神固爲緊要發用之
神須須關情其中之妙理務在變通若執一途泥古
何益

造機賦

夫無聲無臭者造化體虛之妙成物成人者陰陽幹運之功欲推身命先察格局入有妙局奇格理當正取旁通勿以有格有局而顧以貴許無格無局而概以貧稱蓋有格有局亦有貧窮寒士無格無局亦有富貴賢人然有格局者宜辨其爲成爲破不入格局者宜詳其有情無情遇破者雖有格而不貴有情者縱無局而不貧要詳於生旺比合更究其破害刑冲如豬虎騎龍遇刑尅反斷爲尋常之輩而一氣全局

遭刑害豈推作出奇之人龍化蛇虎化狸失勢為朱
門餓殍蛇化龍狸化虎得地為白屋公卿踏龍得住
方推為常居帝里乘龍乘御反許其必務農商雙騎
龍背最怕孤虛壞格一龍御命尚忻德祿扶宮是乘虎
登天防中途而遇害雙騎虎背豈大道之為尊六天
門者喜其明而惡其暗司天門者惰乎閉而愛乎開
履虎尾人人廻避其危立虎首個個爭逞其威地戶
之分辨乎欲拱朱雀之辨惡求喜慮鎮居中央審其
或薄或厚穩坐四維究其有情無情勾朱拱拜詳表

興而發禍立見魁甲交貪多喜忌而成敗立分至於三合入格無不喜憎得角成局亦有公私蓋庚星呈瑞乃從革之號祥光來拱是炎上之名帶德祿位置權尚無破壞喜優財足帝座淵祿潤下生身多富貴青帝熜悤曲直扶命必崢嶸北斗司權無破必發科甲南極獻圖有成定早步青雲西方專美喜見有氣而得吉助東海探珠惡無氣而招凶損坎離交泰財富優足震兌投合權位高尊海雲雙秀帶未為傷其秀氣林火揚光凶將亦損其光明金含北極吉集富

貫還須入手火明西獄凶散功名到底有成周天守
纏命居本宫而不動伏吟任信吉扶其尊亦為亨總
之課體全吉要詳吉中藏破用傳枯洽當審其吝凶
春雖造化之理有反覆之不齊而推測之道在後哲
之變通

課命總要

六壬之奧豈易測哉自成帙以來觸處不著靡事不占且天時人事無一事不在其範圍裏無一時不分其吉凶而以之定命實有難出乎其數者在得之精與不精耳其法取本人之生月合神合神即太陽星也加於本人生時上而運式之以本人生日立其四課就四課取出三傳又以大衍之數立其大運以男從丙女從壬三陽三陰之義立其小運就課傳酌之身命合之大小運限便知為何格局而人之或壽貴

或主官或主貧賤或主夭壽使洞乎胸中了然紙上經曰天門地戶好消息人門鬼路識高低此之謂也然生尅制化藏功用旺相休囚悟真機德合吉凶皆顯乎有損有益刑冲破害識其可去可留定人於二十四格之中識人於二十六局之內娵訾鶉尾計其交人烈士貫沈析木藏乎將相動位夫文人烈士之內亦有村夫俗子而動位將相之中亦有饑殍庸士故謂識其變通者此也蓋生人之干者其身係焉生人之支者其宅其妻其子孫係焉宜詳其旺相生合有

德祿比助為利益破害刑冲休囚無氣為損傷然於
支干固為體要而傳用亦所關情蓋三傳乃決人少
壯老之三限也初吉少年億中凶壯年愁老來看末
傳榮枯並可摟是支干四課定其根基而發用三傳
決乎際遇矣又以三合論其大運以五六合論其小
運看身命坐何宮又身命之上下參究之則成敗之
期判於幾上矣如某大運吉再以小限冲合決之便
知何年得吉如某大運凶亦以小運冲合決之便知
某年得凶然又以小逆數正二等月令看其某月得

吉其月得凶就月令運限驗之身命便知其禍福吉凶擬於何年何月見也總之王道精微惟在細心研究變通以求之故聖人曰神而明之存乎其人

論命秘要

凡論人富貴貧賤壽夭只看身命更以干支用神相生和合則命吉如逢剋害則命凶也如身命旺相遇吉神良將生扶合助而不來刑冲剋害者必主其人有富貴福壽若休囚無氣更遇凶神惡將剋制必主其人非夭即貧無造化人也大忌身命空亡及入墓蓋空亡只主一身作事無成多謀少遂難立家計入墓則主一世昏晦不明行藏動靜必不亨快又嫌身命衰弱無助蓋無氣遇扶必凶入刼立如更遇刑冲剋

害則官府欺凌小人謗毀若有氣無助必獨立撐持如更遇生扶合助則貴人提攜又要財福旺相得地如財無氣又臨死墓絕空而日干又被凶神惡將冲尅無吉神將救助此乃至下之命如子無氣又臨死墓絕空而日又被凶神惡將尅制無吉神將救助亦爲至下之命蓋子妻空不爲黃冠緇衣之僧道則爲乞丐之貧人又安求其增益也大抵課命旺不如爻象旺得課象旺可許其根基壯實更得爻旺乘吉臨得力之地扶助身命乃爲十全造化蓋人之根基係

於課入之際遇係於爻故課命無系根基淺薄爻象得
地際遇與隆細看三傳吉凶其榮枯貴賤決於此矣初
傳爲始若財旺乘龍臨吉地早年身必富貴子旺與
貴同傳初年子定軒昂六合太常臨財爲作經商買
賣與家太陰天后見妻財婚姻早娶白虎乘鬼發用
初歲多災驛馬同虎鬼入傳必定傷災有患金被火
制筋骨癆瘵火遭水尅眼目昏朦土來制水蠱疾多
硬初得吉神臨於生旺初景清高富貴若遇凶神惡
煞初年損害多災殁爻多與初年勞困兄弟多動早

歲貧寒中傳財馬中年立業興家子乘青龍並立金
玉滿堂餘慶催蛇乘旺臨鬼中年多遭非禍勾空帶
煞詞訟有傷年命日辰有二德星書恩赦救解未見
吉神一路春風若遇凶煞無制老來孤困極窮又如
初傳德合末傳尅害即幼年發福末年貧寒又初傳
刑傷末傳生比即主幼年貧困老境亨通也又看十
二宮生扶合助日干本命即主其宮諸事順利發達
如官祿宮得二馬或儀奇皇恩等吉及龍常貴朱等
將與本命日干相生合即主得美官如見巳上諸吉

倘若凶死之地則主得微官　尤要日上與命上俱吉
方許得名位如已上諸吉只見生合但許游泮而已
如生得旺稍得帮補或貢監不能大貴也又如財帛
宮得吉神良將與命宮無刑冲破害等與干相生合
即主財帛富厚產業興隆如兄弟宮得吉神良將與
命干無刑冲破害等即主兄弟富貴和睦如田宅宮
得良神吉將與命宮無刑冲破害等則地宅增盛和
益也其奴僕男女妻子等宮皆依此推之若看大運
流年月令高低看某運某流年某月令與日干生旺

此和德合更有吉將貴將節 主某運某年某月內有進益之喜凡事吉利通達如見刑冲破害凶神惡煞便知何年月內不利也大抵行年稍重些當與八字參詳看之。蓋推人之命關乎大造非可輕斷必須潛究根原審察衰旺生合刑害自家把作得定方可與人決斷吉凶剖分得失若不細心推究而妄行決斷富貴窮通成敗利鈍而無差悞者未之有也

論女命

推婦人之命與男命不同惟取其柔順清正為吉凡宮中寧失之於弱不可失之於強婦命以支上神為最要支上神吉其女良支上神惡其女悍以用傳觀其益夫旺子之由以各宮看其六親完缺之因女命喜坐魁宮主慎重而有禮坐生宮恐太過而嬌淫最不宜於冲宮動搖更有陰合乘之恐別宮無制則抱琵琶而過別船不然亦有娼妓之流坐害宮主不睦而嫉妒坐刑害多刑傷暴戾而坐德祿宮作命婦推

之而穩實有福入室鄉無救作寡婦斷之而孀居無依坐驛馬更帶丁神再乘勾玄陰合者必棄禮義而朝私奔若坐丁馬乘貴常等吉將他宮遙制又當以貴論也至於男命德與學堂并則為官清正祿與長生並則為人富厚遇破害為學堂則以術士推之若婦人值破害為學堂又決為青樓人矣值德祿為學堂又斷為賢德之母也如是觸類而旁通之其王講推命之理始可得言也

推身命總訣

身命之法節目有五一根基二妻子三財官四限運五壽數將身命爲本體之財官爲用神推吉旺則福多兇凶衰則禍少但依此決斷無紊亂之患　第一節先看日上爲主若見貴人青龍等吉神生旺者身命有氣爲可貴可富之人若日上見墓絶身命無氣雖遇龍常吉神亦足小可規模主虛花不實之象若日干無氣又臨凶煞乃下等疾困之輩若日上有氣却臨凶煞乃脩偉榮顯而帶殘疾之士若凶煞有制

反主假餘爲權矣故以日干爲身以日上神爲所作之事而論也　第一節須看辰上神爲妻室子孫推福德日辰相生相合夫妻和會諧老百年若利剋相冲夫妻反目朝夕不睦辰上吉神臨之主好妻若凶神惡煞臨之其妻必惡課無妻財主無妻室或妻爻重見辰上値空妻主刑傷兄弟爻見防有尅制課中有子必有子孫若無子爻後無子息子孫空亡多養少成　第三節看財官若日月有祿官祿貴馬龍常印綬諸吉生合日干者乃官貴之命若子孫妻財乘

龍常諸吉神臨日合日者乃富貴之命也凡子爻制則有官如子爻見而無制則無官兄爻見無制則財薄

第四節論運限凡日上旺相遇財官發福增產遇鬼煞須防艱險遇兄弟必主破財若日衰遇官鬼則變官爲鬼賊遇父母則變爲艱辛遇財福稍可發遇兄弟則必遭禍患看在何爻便斷何年發作

第五節論壽數不可一概論若日上無氣遇官鬼大煞白虎喪門弔客在邪爻作祟者即知在何運中遇之即死日旺勝煞者不過災病一路平順一年一位

細推詳天壽貴賤從此決

十二宮論

命到財宮一生優身更入吉又何求旺相為善休囚惡德為喜悅刑冲憂十二宮中仔細看何宮為劣何宮優劣則為忌優則吉妻財子孫辨其由　財帛宮見天中煞更有比刼在其家將來依理推了去不是衰士即淫談兄弟之宮刑煞遇更有天刑天獄而加車喪死氣或冲害若非傷身是仇家　田宅宮中忌虛抵天鬼天賊怕相交旺相吉神日增盛凶神凶將漸蕭條　男女宮中見吉神長生為用生炁臨長將

並見多見女反此子息無虞寧 奴僕宫中何以論
有尅爲順生不遜若遇虎勾並厭殺將來惹禍累主
人 妻妾之宫怕刑煞無刑無封便爲佳有善逢吉
爲良德益夫益子善持家 疾厄之宫却喜空支忌
卯墓真相逢若遇德神爲有救如遭惡將定主凶
遷移宫内逢二空空空如也復空空若遷到處人欽
敬財德祿馬在對宫 官祿之鄉所係干支辯二馬
咸要應若也無馬官不顯或再無祿官缺俸學堂龍
朱無一見德祿官星後作空若非官職有興革便爲

補補世上翁　福德之宮照得完遇造吉爲榮凶則衰
此處逢空遇刼煞一生坎坷無足言如有吉神長聯
會便得優游子孫綿　十二相親看時辰時辰不正
相不眞若帶勾空並蛇虎五官有破何須論貴常龍
合旺相吉相貌魁偉大敬親　以上所說若入空遇
吉不吉凶不凶此理不可泥而執大道原來要變通

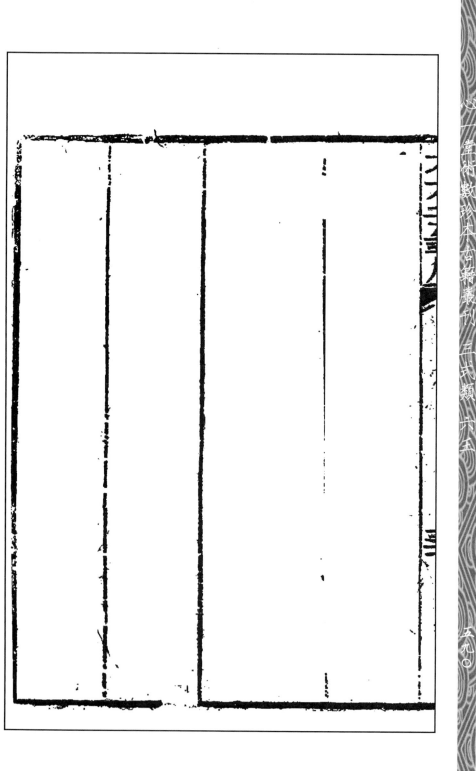

占貴賤

靈轄經曰欲知貴賤者子午丑未寅申生人以天罡加本命卯酉辰戌巳亥生人以天魁加本命觀其生月上見功曹傳送神后勝光大吉小吉此六神皆主大富貴也若見天罡或天魁主貧窮無禄　一曰大吉封侯二千石見功曹傳送刺史之職見小吉或醫巫之學見大吉登明六百石見勝光神后四百石又曰天罡加本命生月上見登明大吉見大小吉次貴見勝光神后功曹傳送亦貴若見天罡須窮無位

此其大略也

占流年禍福

欲知流年吉凶以太歲加本命視其行年上見功曹傳送者其歲加增官祿倍獲財利若見天魁或天罡者其年災害疾病欲知災事亦加本命魁罡下爲厄事也　又曰陽命以大吉陰命以小吉加本命視其行年上見功曹太冲勝光太乙者其歲有慶賞之事非加官祿財添進人口也　又曰男以功曹女以傳送加本命看行年有太歲之支德並者其年福利也或添進人口田產增益事若以年上見魁罡者不

利

占月令吉凶

欲知月令高低以小吉加生月若魁罡臨人年命者此月大凶或官災病疾喪服也　又曰男以功曹女以傳送加生月若行年上見天罡天魁其年有喪服官災之事也

占壽夭

欲知壽夭常看本命上神如生旺德合則主延年如衰休刑冲反此斷之大常長生主壽冠帶臨官帝旺俱壯健可望壽沐浴好色多病血氣不足死墓絕胎爲傾主夭若見生氣者亦主壽也又四孟作三傳遞生日干本命主長壽若從干遞生支者名根斷源消而必主夭死若死神帶虎鬼且再見空亡者爲黃泉絕也　又日日上神生日主壽辰上神生辰必主壯健難以長壽言之四仲作傳以不夭不壽斷之四年

作三傳則命無壽也　又曰先看四課次論三傳若四課中見下神惡煞來剋本命三傳內若乘白虎死氣行年上重逢喪弔剋本命此年矣看命上得何神使知何年命終如功曹臨之即壽盡於寅年太沖加之即數盡於卯年也若日上見吉神良將來救若絕見災危命不損傷也當變通以求之也

占得失

如入年月日辰上見吉神良將有旺相死囚用傳始終俱相爲積也當其初始衰終旺則遲得名位若所得神雖有旺相死囚並用傳皆不與天乙相生者雖得而必失也

序

昔黃帝伐蚩尤於涿鹿之野。九天玄女授以神式三種。一曰太乙。二曰奇門。詳地理。三曰六壬。知人事。皆變化不測。探天機而斷課。苟得其一。占象必靈。但太乙奇門。幻冥難稽。傳之後世。流爲術藝之學。專言數而不通理。恐有毫釐千里之謬。故儒家所不尚。惟六壬一式。由庖犧氏龍馬負圖之神。細闡乾坤六子之奧。推之五行生尅吉凶消長之道。始以義理斷象占之休咎。繼以象占推義理之精微。神奇顯著。當爲古今第一稽疑之書。易曰。知幾其神乎。蓋文王亦以先天八卦之奧。變後天八卦。遂演六十四卦之爻辭。周公孔子繼以彖象繫辭。四聖之經。成而周易之道章矣。於是綜易數而究六壬者。得玄女之的派。推數必會通乎理。斷課必推原乎八卦。凡一事一物之應驗。巨細信無爽者。近世以來。推測輩無慮數百家。或主元虛而近於荒誕。或由穿鑿而入於異端。各有臆斷。存乎其中。易之本義全失。而壬學之原遂絕。無人尋矣。與稽前代子房

之數陽從生數陰從成數因其數而超之此爲眞月將其論最有理今宗之

一占課必須誠潔專一乃有應驗蓋誠能感神如事屬亟切則息心靜氣而占玩其課象問者斷者各凜如在之神靈自能明晰若事屬緩慢偶於閒譚之間隨口問卜漫不誠心而斷者亦疎忽應之其課體則茫無端緒勉爲臆斷亦必不驗蓋心不專一象不得數其理有必然者

一刑冲破害旬空長生陰陽貴人等乃課中最不可缺今爲圓圖以便披閱

一祿神二馬及吉凶神煞猶爲緊要但名類繁瑣諸書所載散雜難求占者逐類推尋未免繙閱良難今亦爲圖標出使用者無望洋之歎而神煞之中或在此爲吉在彼成凶十二貴人亦然如貴人在子名玷玉神在丑名襲爵神之類不勝枚舉主事不一吉凶無定占者可不明乎

一起長生當宗十干八長生爲是近世之士不分陰陽均以五行四長生順行而不知十二神出臨官卽日之祿神故甲木長生在亥自亥順行至寅乃臨官也乙木

長生在午。自午逆行。至卯亦臨官也。若混用四長生。則臨官並非干祿。舛錯甚矣。
況壬課最重日干。用者何可忽略。其五行長生。用於日支。又未嘗不可。

一取用三傳。惟伏吟返吟昴星八專獨足等課。初學似難入手。今依毛氏演課成式。
序次佈列。凡欲取用。不患差謬。而神煞前圖所遺者。亦附於中。

一行年本命。諸書雖載。都不精詳。今依金口訣訂定。

一六壬推命。近世鮮能。偶得徐氏秘本。再考他書訂定。附錄於後。

一占宗占意等篇。盡皆前賢著述而未刊刻者。今附於發蒙下之末。

一國占兵占。舊本原列二條。恭逢明良撫政。敬天保庶之朝。干羽舞階。偃武修文之
世。可決太平億載。無所用占。

一是編耑爲初學而設。故言都淺近。幸同道諸君。弗以鄙陋見哂。如有訛謬。願爲郢
政。

一壬學之書。皆卷帙繁多。今聊摘其緊要。以拂鏡中之塵。然奇奧通天。恐非精求。不

能通其淵源。而寒暑不間。功到自然精熟。精熟而誠。自能測其淵源。然數不離理。理極而數不能逃。理以明數。數靈而理愈見。其眞數乎理乎。理乎數乎。神而明之。變化之妙。根乎其人。男培敬述

三才有數釋詮　吾匡良杞南山著
光緒八年壬午十一月黃岡[illegible]序

大六壬尋原總目

卷一

占體　占有一定體即格與卦配也

元首

凡上克下。餘課無克。統乾之體。元亨利貞。

重審

凡下賊上。餘課無克。統坤之體。柔順利貞。

知一　即比用

二上克下。或二下賊上。擇課之陰陽與日干比者爲用神。陽日陽比。陰日陰比。統比之體。貞固擇一。

涉害　即見機察微綴瑕

二三或四上下相克賊俱比或不比以受克深處爲用。看孟神有克者爲用。如無克以仲季爲用神。如孟仲季神復相等陽日取干上神。陰日取支上神。統坎之體。苦盡甘來

遙克 蒿矢 彈射

凡課無克取辰遙克日爲用。如無神遙克則取日遙克神爲用。統睽之體。

昴星 虎視 蛇掩目 冬

四課無克又無遙克。剛日取地盤酉位上神爲用。中支上 末干上 柔日取天盤酉宮下神爲用。中干上 末支上 統履之體。家居守靜。

別責 蕪淫

三課無遙克別取一合神爲用。陽干常動而易位。故陽日初傳用合干之上神。陰支常靜而守位。故陰日以支三合前一辰爲用。中末傳俱幷於上。合干者。如戊日合癸。癸課寄丑。取丑上神爲用。丙日合辛。辛課寄戌。取戌上神爲用是也。支三合前一辰者。如巳酉丑。酉日用丑。丑日用酉。亥卯未。未日用亥之類也。

八專 帷薄不脩 獨足

八專日干支同位無克。又無遙克。陽日從干之陽神。連根順數第三位爲用。陰日從支之陰神。連根逆數第三位爲用。中末俱用干上。如中末俱併三傳總歸一神。即名獨足。統同人之體。協力心同。

伏吟 自任自信杜傳

十二辰各居本位。辰克日干爲用。中取初刑。末取中刑。如無克。陽日取干上神爲用。陰日取支上神爲用。統艮之體。守舊待新。

返吟 井欄射無親無依

十二辰各居沖位。取相克爲用。如無克。以支神斜射爲用。中傳支末傳干如丑日初傳亥，未日初傳巳是也。統爲之體。

三光

用神日辰旺相乘吉將。統賁之體。開雲見日。用神即春木旺火相。日辰即春甲乙夏丙丁。吉將即貴人青龍常合之類。

三陽

天乙順行日辰吉將旺相發用統晉之體龍劍呈祥。

三奇

凡課得旬日之奇發用或入傳統豫之體上下悅懌。如甲子甲戌旬用丑。甲辰甲寅旬用子。甲申甲午旬用亥。丑爲日奇。子爲月奇。亥爲星奇。乙丙丁甲戊庚。名遁奇。又甲日午。乙日巳。丙日辰。丁日卯。戊日寅。己日丑。庚日未。辛日申。壬日酉。癸日戌。爲干奇。亥子丑至辰巳午六課。爲順連茹。巳午未至戌亥子六課。亦爲三奇。亥酉戌至午巳辰六課。爲逆連茹。巳辰卯至子亥戌六課。亦爲三奇。

六儀

旬儀支儀發用入傳統兌之體家集千祥。旬儀。如甲子旬用子之類。支儀者。子儀午。丑儀巳。寅儀辰。卯儀卯。巳儀丑。辰儀寅。午儀未。未儀申。申儀酉。酉儀戌。戌儀亥。亥儀子也。

時太

用起太歲月建乘青龍六合而帶財德之神或入傳又在年命者統泰之體天地和暢。

龍德

太歲月將乘天乙而發用者。統萃之體。雲龍際會。

官爵

太歲日將年命驛馬印綬入傳。或發用又不落空者。統益之體。鴻鵠沖霄。

富貴

天乙乘旺相。臨日干。及行年發用。又干支逢祿馬。統大有之體。葵花向日。

軒蓋

値勝光爲用。遇太沖神后。統升之體。鵬得搖風。

鑄印

戌加巳。傳中見卯。戌天魁。爲印巳太乙也。爲爐更遇太常。爲綬又見太冲卯。爲車輪則鑄印乘軒之象。統鼎之體。鵬翼沖天。如火少金多爲五行不備。末傳天后元武。臨日破。併水神。爲鑄印不成。火旺日乘蛇雀値空亡。日破日辰無氣。爲鑄印損模。

斲輪

卯加庚辛發用。得辛酉。統頤之體。飛龍入淵。卯為車輪。金為刀斧。木就金斲。故名。

引從

凡日辰干支前後上神發用。為初末二傳。是前引後從也。統渙之體。車馬蜂擁。

亨通

干支相生。三傳遞生及旺。統漸之體。福祿來臨。

繁昌 德孕 旺孕

夫妻行年上下相生作合。又乘本命旺氣。兼值干支德合。或年立時令旺相之鄉。統咸之體。陰陽和合。

榮華

祿馬貴人臨干支年命而旺相。又為發用及入傳。更乘吉將。又遇月將者。統師之體。士衆擁從。

德慶

日辰干支及德神發用併在年命乘吉將統需之體德神慶會

合歡

日辰遇天干作合及三合六合發用併命上年上俱乘吉將統井之體婚姻團圓

和美

干支遇三合六合上下遞互相合統豐之體神合道合

斬關　閉口

魁罡加日辰發用統遯之體豹隱南山旬尾加旬首。或旬首乘元武。或旬首位上神乘元武發用名閉口。旬尾加干。或旬首加支名曰一旬周遍更有刑德乙日庚爲德。丁日壬爲德、己日甲爲德。辛日丙爲德。癸日戊爲德。刑月。卽子刑卯。卯刑子之類。

遊子

三傳皆土或見旬丁每旬丁干所值之神或天馬統觀之體雲萍聚散

三交

四仲日時占課傳皆仲將逢后爵陰合統姤之體風雲不測干臨支被克爲自衰。支臨干克干。爲上門亂首。更兼發用。凡日克辰。乃上凌下。却得下賊上爲用。辰克日。乃下犯上。却得上克下爲用。名凌犯。

贅壻

干臨支克支臨干被克。更兼發用統屨之體屈意從人。干爲夫。支爲婦。干臨支以動就靜。如贅壻然。支臨干以靜就動。如婦人隨男就嫁。皆舍己從人之意。

冲破

干支冲辰皆破爲用。或用神與歲月日時冲破乘凶將。又加破碎煞。統夬之體。雪上加霜。

淫泆

初傳卯酉爲用。將乘后合。卯酉爲陰私之門。后合乃淫慾之神。主淫奔泆欲。統既濟之體。陰陽配合。初傳天后。末傳六合。名泆女。用起六合。末傳天后。名狡童。

蕪淫

四課有克。缺一爲不備。日辰交互相克爲蕪淫。陽日從日上起第一課。柔日從辰上起

第一課第一課干之陽神。第二課干之陰神。第三課支之陽神。第四課支之陰神。二陰一陽爲陽不備。二陽一陰。爲陰不備。統小畜之體。琴瑟不調。夫妻行年冲克。上下神互相賊克。名解離。如孤雁出羣。又地盤空亡。爲孤辰。天盤空亡爲寡宿。十干不到之地。五行脫空之鄉。名孤寡。孤寡者。春巳午孤。子丑寡。夏申酉孤。卯辰寡。秋亥子孤。午未寡。冬寅卯孤。酉戌寡。以初傳而定。

度厄

四課內三上克下爲幼。三下賊上爲長。統剝之體。六親冰炭。

無祿絕嗣

四上克下。上不容下。下難自存。或四下賊上。以下犯上。下被上奪。統否之體。上下僭亂。干支害神上下相加發用。臨行年爲侵害。三刑發用。併行年爲刑傷。

二煩

四仲月。時遇四正。即朔望弦晦及四平日。即四仲占得日月宿加四仲。斗罡繫丑未。統明夷之體。荆棘滿途。日宿臨四仲。斗罡繫丑未爲天煩。月宿臨四仲。斗罡繫丑未爲地煩。

時襲

四立日占得今日干支臨昨日干支。或昨日干支臨今日干支。統大過之體。嫩草遭霜。

神獄

囚死墓神發用。斗加日本。統噬嗑之體。委靡不振。

大寇

四離日占得月宿加離辰。統蹇之體。時勢多艱。

天網

占時與用神克日。統蒙之體。天網四張。

魄化

白虎帶死神死氣。臨日辰行年發用。統蠱之體。陰害相連。

三陰

太乙逆行。日辰在後。發用中末各帶囚死。將乘元武白虎。時克行年。統中孚之體。羣陰

黨帶凶更甚。如課傳
惡。六陰俱備。爲六陰。

龍戰

卯酉日占。行年在卯酉上。又遇卯酉入傳。卯酉發用。卯月陽氣生。酉月陰氣出。卯爲日出月入之門。酉爲日入月出之門。一生一殺。相戰於門。統離之體。門戶不寧。

斗罡繫日辰發用。月行度到角亢之分。或月宿臨太歲日辰。統未濟之體。憂中望喜。

死絕 災厄

日之死鄉。又加死地之絕鄉發用。如甲木死於午。午火絕在亥。或喪車游魂等發用。統歸妹之體。鬼祟作孽。

殃咎

凡三傳遞克日。又夾克。內戰外戰。乘墓坐墓。統解之體。內外凌辱。

九醜

凡戊子戊午壬子壬午乙卯乙酉己卯己酉辛卯辛酉十日爲九醜日如四仲時占丑臨日加四仲發用子午卯酉爲陰陽易絕之神有生殺之道乙戊己辛壬乃刑殺不正之位三光不照此等日遇丑臨仲是名九醜統小過之體上下迍邅

鬼墓

干支上神發用或作干鬼干墓支鬼支墓既作日鬼又爲干墓統困之體守己待明

勵德

貴人臨卯酉爲勵德干支陰陽在貴人前爲蹉跎在貴人後爲微服陽前陰後爲定陰前陽後爲失機統隨之體鳴鸞失鳳

盤珠 天心

太歲月建及日時并三傳皆在四課之中或歲月日時俱在四課之上統大壯之體鳳翔丹山

全局 潤下 從革 稼穡 直

水局申子辰　火局寅午戌　木局亥卯未　金局巳酉丑　土局辰戌丑未　凡三傳得三合統大畜之體同類

歡會。

元胎

孟神發用傳用四孟蓋四孟爲四生之局又爲五行受炁之位如寅加巳巳加申爲進步長生名病胎乃上生下爲五行病處寅加亥亥加申爲退步長生名生胎乃下生上是身旺之鄉統家人之體花開結子如子孫空亡爲不育返吟爲絶胎

連珠

用神在一方相連作中末或三傳孟仲季相連或歲月日時相連或寅卯辰之類統復之體山外青山

間傳

凡課間位作三傳統巽之體陰陽升降

六純

大六壬尋原

三傳俱陽爲六陽俱陰爲六陰統革之體天淵懸隔

順十二格 以三傳而言

登三天 辰午申 巳午未申四位爲天蓋龍登天則行雨官登天位主遷轉惟忌空脫占爭訟轉大占病彌深占行人卽至久旱而占則雨之類

出三天 午申戌 戌爲天頭凡占事情遠大病訟皆凶

涉三淵 申戌子 亥子丑寅屬地如履春冰蹈虎尾之象病訟危險目前阻隔占官不吉課望不成之類

入三淵 戌子寅 凡舉皆凶或末傳乘蛇虎爲鬼煞占病必死

向陽 子寅辰 子乃北方幽暗之神寅辰乃日出之方自暗入明凡事初凶後吉病愈訟解人情皆美

出陽 寅辰午 午後陰生自寅傳午有出陽之象凡占災咎相仍病訟均凶也

出戶 丑卯巳 卯爲門戶巳爲地戶凡占君子升揚小人狐疑

盈陽。卯巳未 卯巳爲三陽。未乃明之始。自卯傳巳未。爲日中將昃。陽盈巳極。凡事急就吉。遲幹凶。

變盈。巳未酉 陽至午爲陰。未爲一盈。凡事皆凶。占官被黜。占疾新病死久病愈。

入冥。未酉亥 酉亥爲日冥之時。陽消陰長之象。凡占事速爲則可。緩則不及也。病訟官祿均不利。益此吉漸消而漸長其凶。

凝陰。酉亥丑 亥丑屬北。冬令陰氣凝結。有嚴霜堅冰之象。凡占有淫慾奸盜之事。多主幽暗不明。

溟濛。亥丑卯 亥丑爲陰。卯乃微陽。一陰下見微陽。正在溟濛之時。凡占者事體不眞。憂懼不寧。進退未決之貌。

逆十二格 亦以三傳言

冥陰。寅子戌 寅爲日出曉方。子戌陰氣盛旺。相退入陰。凡占事自明入暗。防其暗損。占官最凶。

偃蹇。子戌申　申乃陰方。自子傳申。以陰入陰。凡占事迷暗不明。出入動作皆不吉。

悖戾。戌申午　午乃陰氣始生。申戌由之而盛旺。占賊不獲。行人未來。作事成禍。

凝陽。申午辰　辰爲一陽。申午俱陰。陽凝在陰。凡占事未了。行人來緩。占訟留連。謀望均遲。

顧祖。午辰寅　午爲寅之子孫。寅乃午之長生。如子顧母。凡求財謀望皆吉。占行人來。惟庚日占病爲凶。占官則大吉。

涉疑。辰寅子　陽主進。寅子主退。凡占事進退不決。行人不來。官病皆凶。

極陰。丑亥酉　陰主退。自丑傳酉。以陰入陰。而終於極。凡占事。或有淫亂而生疾。若占病必死。

時遁。亥酉未　酉爲太陰。未中之丁。爲玉女。有遁走之象。占行人不來。出行不出。捕盜不獲。君子有吉。小人乃凶。

勵明。酉未巳　巳爲陽明之地。自酉傳巳。從暗入明。凡舉皆由勉强而爲。君子利取祿位。小人宜早營運。

回明 未 巳 卯 未乃一陰巳卯二陽自未傳卯由陰而至於陽凡事不宜急舉只宜緩進久雨則晴吉事漸成而凶事漸消也

轉悖 巳 卯 丑 巳卯二陽丑乃純陰陽傳至陰避明向暗凡占主家業不振作事邪魔不知守分安命

斷潤 卯 丑 亥 卯爲一陽丑亥二陰自卯傳亥乃一陽深入二陰暗長明消之象也凡占君子退職小人遇凶

凡課之體格備於斯矣初學者可不明乎

支為方所
干為化著
神為形見

○○占要

凡占之要大約有五一曰年命卽占人之行年本命二曰類神隨其所占而求其類詳其神將之吉凶三曰日辰今日之干爲日今日之支爲辰四曰發用卽初傳也五曰正時卽所占之時也此謂五要而日辰之分屬者不可不辨占家宅則日爲人辰爲宅占婚姻則日爲男辰爲女天庭求事則日爲舉主辰爲臣爲我占選舉則日爲占人辰爲

品職占詞訟則日爲起訟之人辰爲對訟者占疾病則日爲人辰爲病又爲醫藥胎產
則日爲子辰爲女占交易則日爲人辰爲物占墳墓則日爲人辰爲墓占奴僕則日爲
主辰爲僕占出行則日爲住爲陸辰爲往爲水占求望則日爲我辰爲他占動靜則日
爲動爲來辰爲靜爲應占博奕則日爲我爲我物辰爲他爲他物占漁獵則日爲人辰
爲物此皆占事之大略所當辨者也而日辰之喜忌又不可不察所喜者曰日德曰支
德曰月德曰三合曰六合曰吉將曰日祿曰生曰旺而所忌者曰鬼墓刑沖破害亦所
當察者也日辰既審次觀發用視其與日辰生尅制化何如更又當審其所乘之天官
何如天官郎二貴人。十甲乙日用起天乙官中螣蛇虛驚不實朱雀外人咒咀六合和合六親勾陳嗔怒青龍
求財有喜天后婚姻太陰走失之事元武盜賊太常酒食白虎門戶不安天空虛疑丙丁日用起天乙
貴人不和螣蛇夢寐不安朱雀文書之事六合因財有喜勾陳田財有爭青龍因財天后陰人有爭太陰求雨不決元武盜賊
來太常宅中白虎天空奴僕爲盜戊己日用起天乙見官有盜螣蛇小人有撓朱雀文字六合先和
後爭勾陳田土青龍因財天后因外有撓太陰求用閉匿元武有盜太常白虎小口有災天空家門不寧

庚辛日用起天乙貴人[illegible]事螣蛇皇信有疑朱雀文字不寧六合求財不遂勾陳交加[illegible]青龍因財喜慶天后走失小口太陰人欲謀己元武[illegible]太常[illegible]白虎[illegible]病天空憂喜不成壬癸日用起天乙小人有撓螣蛇火怪驚疑朱雀小人論官六合財星有喜勾陳[illegible]青龍因人[illegible]事天后陰小[illegible]太陰出入暗昧元武[illegible]太常家人不和白虎[illegible]天空詐偽[illegible]更宜考其類神之吉凶何如。現否何如。決以年命上神吉凶如何。與日神辰神生尅如何。又參以正時。如時與日合為外和。與日害為外憂。與辰合為內和。與辰害為內憂。又當審其日財日馬日官鬼日印綬之類。則占無遺義矣。此雖舉其大略。實五要之樞紐也。

占應

占事尚應期。證其驗也。有取決於五行者。水一。火二。木三。金四。土五。是也。有取決於大衍數者。子午九。丑未八。寅申七。卯酉六。辰戌五。巳亥四是也。有取決於末傳者。吉事。取末傳合處。所臨神為成期。凶事。取末傳沖處。所臨神為散期。然皆不如決之於發用。用是日則日應。用是辰則旬內應。太歲一年。月建一月。四立季內。正時日前。節應半月。候應五日。大抵用起第一課。第二課。兼天乙順行。在貴人前者。應事必速。用起第三課。第四課。兼天乙逆行。在貴人後者。應事必緩。又用起第四課者。名驀越課。事難到度。驀然而成。又有應期神之說。謂用起亥子。

將有之吉　生。扶。官。祿。德。合。
將有之凶　鬼。敗。刑。害。破。沖。

則以壬上神爲應期寅卯上神則取辰巳午上神則取未申酉上神則取戌是也。上神者以天盤言之也又有關格之說。謂辰加子爲天關。加午爲地關。所爲之事必自天時地利關阻也。辰加卯爲天格。加酉爲地格。凡遇之必因天時地利隔阻也。皆當參看。

占宗

課傳既立。玩而占之。必有所宗。神將之類。不可不審。神克將爲內戰。雖吉有咎。將克神爲外戰。雖凶可解。太歲乃天元一炁。號令四時。爲五行之標。歲功之本。衆煞之主。至尊之神。是謂朝廷。若作貴人。不必入傳。皆有救助。惟不救病。月將乃幽明之司。動靜之機。禍福之始。在日爲福德。在辰爲龍德。臨發用及行年本命。皆臨支宅。生輝光。臨元武賊必敗。乘天空或空亡。爲光輝之象。其屬爲台省部院。帶天馬爲使命。乘青龍爲公卿。乘太常爲武職。乘白虎爲權臣。乘勾陳爲大將。乘朱雀爲羽林。乘螣蛇爲軍騎。旬丁爲變動之神。附以魁罡。傳以二馬。乘以龍合太陰。萬里飛騰之象。　天乙貴人握尊權。莅天人。隨在無犯。臨日辰年命。發用最吉。　螣蛇爲驚恐。爲卑賤。若占怪異。視蛇之陰而小兒病亦責之。朱雀爲口舌爲文書若占選舉視雀之陰。月移之類亦責之。六合爲私合若占婚姻視合之陰。勾陳爲遲滯爲汚濁爲私欲鬬爭若占詞訟視勾之陰。青龍爲富貴爲生發若占求財視龍之陰。天空爲虛誕若占僕從視空之陰。白虎爲道路爲喪病若占疾病視虎之陰若作日鬼帶馬爲催官使者。太常爲衣服爲酒食若占筵會衣服視常之陰。元武爲盜賊爲虛耗爲邪淫若占捕盜視武之陰。太陰爲不顯若占婢媵視陰之陰。天后爲恩澤若占妻妾視后之陰。而婦人病亦責之。日德爲一日之喜神諸事之吉象而訪謁者亦視其陰至於十二神各有所主而魁罡則貴人不臨作用反多（如魁度天門罡塞鬼戶之類。）而天罡則又隨所占而操其吉凶之柄（如加孟加仲加季之類）尤爲緊切然神將爲衆課之所同而年命爲一人之所獨故命爲一身之應不得與太歲日上神相傷年爲用之助不得與日用相傷如命上見財求財吉見官求官吉餘可類推而年命上見月將者大能消一切禍長一切福見二馬者選官奉詔最利遠行見天喜者凡事吉慶見貴人者非常喜祐見魁罡乘凶將者百事不利見月厭作死炁者主有寃仇人鬼相還見血忌有車馬驚恐見傳送乘凶將者主疾病服藥見登明乘凶將者主水厄見蛇凝滯見虎乘死炁克命而無救助者不出四十九日其人必死乘生炁克命有傳尸癆瘵之疾若乘吉神和於任官餘可類推若三傳則初傳爲心之所主事之所向故曰用神要上下相生神將比和爲吉如用神尅歲歲中災咎尅月月中災咎尅日憂身及尊長公訟鬼賊克辰家宅不安克時心動憂驚克中傳有頭無尾　中傳爲事體移易子傳母爲逆母傳子爲順鬼主事壞墓主事止空爲折腰末傳爲事之結果克初爲吉傳空事敗而所宗者乃初耳此則因神將之宗而類推之也

占意

東方朔曰魁罡乘於武后其人妻妾懷孕傳送若乘青龍占者子孫財損勝光乘於天馬來意必問行人太冲加於白虎多遭疾病天災小吉天后相逢婦人愛生淫泆太吉陳常相會男子必進田財從魁加於天空奴婢逃走奸淫登明加於太陰酒食必逢朋

父功曹若乘龍合占者子孫歡喜。魁罡乘於元武合主奴婢逃亡六合小吉相逢。宜問婚姻禮聘。天罡并於勾虎來者必爭田墳太歲或作龍常發用官員改轉神后若乘龍合女人占受皇恩大吉或乘勾虎墓田損破必眞從魁太冲陰武私通門戶動搖太乙登明陰后值此二女爭淫

占論

聖人作易。變通不一。豈於壬占而獨不然。課有七百二十。其中吉少凶多。世宗無惑。鈐壬歷鈐。其制未始不矛盾。袁李劉邵諸人。其斷論未始不異同。皆不可舉一而廢百也。卽如傳生日爲吉。而以占子孫之賢否則凶。傳脫日爲凶。而以占生產之遲速則吉。傳克日凶。仕宦占之則吉。日克傳吉。長病占之則凶。貴人臨獄或臨二分。所忌也。而卯酉辰戌爲日干年命。亦忌之乎。貴人遍地治事不一。所忌也。而選舉之占爲簾幕登第。亦忌之乎。卽舉一隅而三隅可推。故有以課體論者。如用知一比用潤下曲直之類。有以傳體論者。如登三天涉三淵之類。有以用神相加論者。以用神上下相加而斷吉凶。有以辰神相加論者。以十二宮神輪流相加而斷吉凶。有

以正時斷吉凶者。占時有以用論者。謂上言官府事妻財、相氣論死來。喪起凶動見官刑。休時憂患病類。有以克論者。謂上克下事起男子。下賊上事起女子。將克神。神克日。禍從外來。日克神。神克將。禍從內起。伏吟事近。反吟事遠類。其類雖有可據其藝雖有可呈而終不免舉一廢百之病。一課千萬人占之各異。一占千萬人應之不同。變化之妙。鮮有不應者也。

百問秘要

問何以知人家門戶不安。

如壬子日子加卯為用將乘青龍主有人來侵犯門戶。或雙門出入子刑卯故也。若乘勾陳主鬬爭因此門出入不便也。

問何以知人家方隅吉凶。

視白虎傳送落在何方。

問何以知人宅見怪。

視何以知人宅見怪看火怪煞與蛇臨門戶。主見怪光怪煞。正月逆行戌四季位是也

問何以知人得貴求事

甲戌庚日丑未發用或中末見貴人是也

問何以知貴來召

貴人發用加神后主呼蓋神后爲道路大吉爲呼召也

問何以知嚷鬧不寧

壬癸日辰加卯上乘蛇虎主有人嚷鬧天罡臨門尅日故也

問何以知有火驚

丙午蛇雀太乙勝光加臨門戶幷宅

問何以知舍前後左右吉凶

辰爲宅舍之兩傍爲左右鄰對沖爲對鄰支之地盤爲後鄰看乘凶將吉將生日爲和睦克日爲無情子爲內房丑爲廚房寅爲過道卯爲前門辰爲倉庫巳爲室午爲堂未爲井申爲街路酉爲後門戌爲厠亥爲園

問何以知捉賊得與不得。

要看玄武陰神。如玄武乘陰神退回位。即賊藏處。乘陰神盜神之下。即賊藏處。若乘旺氣難獲。休囚氣易擒。乘神生日主獲賊賄。克日主遭賊害。宜向制賊方避之。

問何以知食祿之地。

傳言日辰有父母爻。即食祿之地。或長生作貴人亦如之。

問何以知求財得與不得。

視財神入課者有。不入課者無。如用巳火爲財。即言巳日可得。再看青龍乘神生日有。克日無。在巳亥子三神則有。餘皆無矣。

問何以知功名進退。

看官鬼不空。朱雀不空。城吏入傳。准得。子孫入傳不得。如考查雀不入傳。其官有。若入傳黜榜有名。主革職也。

問何以知詞訟勝負。

干爲先舉之人。支爲後對之人。用神爲問官。貴人爲堂上官。干克支原告勝。支克干被告勝。用神克干原告無理。用神支克被告受刑。辰午酉亥四字爲受刑。一重刑爲笞罪。二重刑爲杖罪。三重刑爲徒罪。四重刑爲流罪。辰刑主杖責。酉刑主斬決。雀乘神尅貴及落空。狀訴不准。若具題乘貴天空。如天空乘神尅太歲。主君王忌憚有駁議。天空乘神生日依議。

問何以知幹事成不成。

辰來尅日。諸事難成。日去尅辰。所謀皆吉。貴順事易成。貴逆難成。又看命上見貴人宜謁貴。見蛇雀主口舌。見六合主買賣婚姻兒女事。見太常衣服酒食。見玄武主被盜水災。見陰主暗昧事。見后主陰私事也。

問何以知墳墓方向吉凶。

第四課爲墳地。亦看生日克日。此天盤臨地盤。見金有石。見木有棺木草根。見水有水。見火有紅土。有黃膩土。如臨亥上。四尺下便見其水。支前爲前。支後有後。對沖爲對案如支前金必有石頭生我吉尅我者凶。

問何以知居官幾時陞遷。

返吟居官不久子孫動有人論三傳互克衆人論官鬼空亡失職文視龍武視常虎官視貴人俱以日上神數至龍常一官為一年又以辰上神數至龍常一宮為一月也

問何以知行人幾時來。

退茹來速進茹來遲貴人逆中途而回末傳為行人足見三合為來時日再看遊戲二神臨卯二月來臨辰三月來又看日上神將因何阻滯日上貴人克因山嶺而阻乘朱克日因詞訟文書而阻日上見白虎因疾病纏綿而阻見武因盜賊或水漲而阻見后合因婦人陰私而阻如望父母視太常臨申加未主七月申未日來望兄弟視太陰臨何宮主何月日來望小兒視六合臨處即為到日又看驛馬是寅寅日來是巳巳日至如逢間傳課不由徑路而來從別處灣轉而來也。

天医子日起申順行
地医子日起丑順行

問何以知疾病因何而得。

占病輕重視行年上神。虎生日吉。克日凶。若虎克行年上神。病在五臟。行年克虎。病在六腑。虎不入傳則視鬼。若鬼克行年。與虎同斷。次看天地二醫在何方。卽由此方延醫。如無天地二醫。當視制鬼之神。此方亦可訪醫。再看生氣與死炁空亡。死炁卻實。而死氣又克生炁。病不治也。如死炁空亡。生氣卻實。病雖重亦不妨。再看行年能制凶神惡煞則吉。若反生起凶神惡煞則凶。若問病源。又當視本命上神。乘青龍因財而得。乘朱勾因氣惱而得。乘常因酒食不服而得。乘玄因爭競扳扯而得。乘后陰因陰私暗昧而得也。

問何以知婚姻有三五家。那一家成就。

先看神后乘神生日則吉。克日則凶。次看女命生日則吉。克日則凶也。

問何以知失財有無。

視玄螣鬼賊入傳。被偷去。陰六入傳。被人隱匿。如無此五神。乃自己遺失也。財神旺相物尚在休囚空亡物不存如鬼賊多財落空物已分散又玄武旺財神亦旺得賍不得賊如財神旺玄武休囚賍賊兩獲財落空亡玄武休囚賊雖獲而賍難追矣

問何以知逃亡責類神

占逃軍視天罡下占君子小人視月德支刑下占婦人視天后下小兒未出幼者視六合下已出幼者視玄武下占女視勝光下占父視太常下

問何以知飛禽走獸畜類神

當日尋馬視勝光隔一二日占則視勝光之陰神落虎失驢是太冲失驢與獵犬是河魁失牛是大吉失羊與鴿是小吉失貓是功曹失鷄鴨是從魁失鸚哥白鷴是飛禽視朱雀失豬是登明也

問何以知生育男女

先視天空乘亥則曰十月過十月則曰二月過二月則曰六月不離三合斷之如問產期以養字定其日冲胎定其時日上兩課發用定其男辰上兩課發用定其女也

問何以知人家物當破。

如乙丑日未加乙爲用乙日以未爲物丑日支破在未是支破發用也主七日內當破一物件旺相則新休囚則舊矣。

問何以知人來不來。

天罡在日辰前人必來加孟未動仲已發季即至也。

問何以知有書信來。

雀同寅或臨門戶主有信欲知信內吉凶以雀陰神決之乘天罡白虎爲凶乘青龍太常爲吉也。

問何以知婦人墮胎虛驚。

勝光爲婦人帶血支血忌乘玄武宅上又見白虎天空故有墮胎虛驚之事

血支一正月起丑順十二

血忌正丑二未三寅四申五卯六酉七辰八戌九巳十亥十一午十二子

問何以知人家衰敗

天空帶休囚死氣加臨宅上是以知之也。

問何以知人送酒來。

壬癸日未爲酒上乘太陰六合知之也。

問何以知人在家筵會。

甲乙日未加卯用上見太常或龍太陰知之也。

問何以知人心急燥驚恐。

勝光發用克日辰上皆主驚恐。進退疑惑。精神不定。火炎上。火又加之。火愈熾則主燥怒驚恐也。

問何以知人夜多怪夢。

甲乙日神后爲用乘元武知之。

問何以知婦人患氣血冷病。

丙丁日神后爲用將乘天后知之。

問何以知人家有缺唇。

飛魂　臨年命日辰或發用、主魂驚[illegible]夜夜多凶夢

日　子丑寅卯辰巳午未申酉戌亥

酉戌亥子丑寅卯辰巳午未申

庚辛日神后爲用白虎臨宅知之。

問何以知人家有患眼。

甲乙日午加亥爲用。將乘蛇雀也。又有患赤眼者。天罡白虎加太乙是也。

問何以知人家患頭風。

庚辛日返吟發用。將乘天后或乘虎是也。

問何以知人家動與不動

魁罡加日辰或傳中見之主動若三傳中日上見太又主不動人家也

問何以知人家井沸。

小吉爲用。虎加吉上。主井沸。加天罡亦然。若巳加申。將乘太陰。則主坑沸。

問何以知竈破損。

丙丁日申加巳爲用巳見龍合主脩竈見蛇虎主竈壞也

問何以知門戶嚷鬧。

壬寅日辰加卯用將乘虎勾主此也。
問何以知人家出孤寡。
甲乙庚辛日返吟寅加申爲用也又空亡對冲之神入日辰長生之位亦主出孤寡。
陽主男陰主女也。
問何以知失落文書。
甲乙日寅加申爲用上見武主文書失脱也。
問何以知人家製造衣服之類。
壬癸日丑加子將乘常主製造衣服之類也。
問何以知人家有鳴响之物。
第三課見金神及發用乘天空者宅上必有金鳴响怪也。
問何以知有光怪之物。
丙申日戌加卯爲用見蛇主火光之怪壬午日酉加午爲用主奴婢有此事。

問何以知偏室娼妓爲妻。

巳卯日酉加午爲用。上見天后。爲偏室及娼妓爲妻也。蓋天后作酉。爲裸形無禮故也。

問何以知望貴人文書印信。

辛巳日日占。得傳送朱雀。主此也。

問何以知有盜逃事。

武之陰神在貴前賊已退。在貴後賊未發。逃盜同看也。

問何以知人家進退田園。

癸未日占。日上見小吉乘太常。主進退田園。見朱主爭鬬。見武主退田園。

問何以知井泉不利。

天罡乘武加臨宅上。武帶休氣。主宅內有災。人遭瘟疫也。

問何以知婚姻喜慶。

勝光乘龍臨宅。主妻有孕。若陰神在三傳日上辰。主此也。

問何以知家中吐瀉。

壬癸日天空與神后同臨日上。主有吐瀉。蓋天空主吐。神后主泄。水乘土克日辰故主吐瀉。又云只有亥上天空爲驗。若犯門戶。則應在合家。以天將辨之矣。

問何以知人家欲開店。

卯日占傳見午大吉。

問何以知進僕與僕病。

丙日戌加巳爲用。上見天空。主進僕。天空變爲虎。主進後却有病也。

問何以知小兒落水。

亥加辰爲用。上見蛇虎玄武。此也。

問何以知人妾有孕。

勝光乘龍主妾有孕。壬癸日胎在午。亦爲有孕也。

問何以知貴人來家

辛巳日寅加巳發用。貴臨巳上。故主貴人臨宅也。

問何以知出音樂人。

天空與太沖相加在宅。故知其家有能音樂者。蓋太沖爲竹木之屬。天空爲虛空。其物必鳴也。若問何人。會得以太沖三合六合取之也。

問何以知有鬼祟。

天目與蛇虎併臨日辰。及家長行年上者。其宅必有鬼祟也。又以家長行年加神后。視太歲年命及辰上見魁罡小吉。與蛇虎者。主宅中有鬼祟也

問何以知宅中有井。

視三傳中有水神。或神后乘龍加辰巳。宅中必有井。若無水神。或水神落空。皆主無井。縱有井。水亦不堪吃。水神旺相則水足。休囚則水少也。

問何以知新造宅舍吉凶。

日上神爲舊宅辰上神爲新宅日上神旺相舊宅吉辰上神旺相新宅吉日上神克干舊宅傷人辰上神克干新宅傷人日干克辰上神必不久住乘武主盜賊乘蛇驚恐之類也

問何以知遷移吉凶。

月將加家長行年視宅神。上見寅申子午則安。魁罡憂禍。卯酉卑幼有病。巳亥損畜。丑未官事之類也。

問何以知宅舍吉凶。

專視支上所得之神旺相與支相生比和者吉休囚與支刑克者凶若日克支上神傷卑幼支上神克日傷家長支上神帶吉將生日者順利帶凶將克日者災咎如乘朱雀主官事乘虎主死喪乘天空主虛耗乘武主盜賊乘蛇火燭驚恐乘勾陳鬬訟若日上神去生支主失脫三傳發用支者宅不振發又支之兩傍爲左右鄰乘吉將爲善人乘凶將爲匪類乘龍貴爲貴人乘白虎爲屠宰喪孝乘玄武盜賊或病眼人

與日辰相生則和與日辰相刑害則不睦也

問何以知行路有風雨。

三傳陽多則晴陰多則雨木多則風土多則陰水多則雨也

問何以知在外知家中吉凶。

看日辰上有旺相氣上下相生者又得吉將吉得凶將及相克者凶乘虎主死喪乘勾主爭訟乘朱口舌火驚天空主疾病蛇主怪驚恐玄武盜賊水災也

問何以知宿店吉凶。

日爲客辰爲主若日辰上神相生比合更乘吉將則店可投若日上見凶神客懷惡意辰上見凶神主懷不仁辰上見魁罡玄武主欲害客不然恐有盜賊辰上見登明空主來誘客也。

問何以知喚人來不來。

月將加日支視正時上所得之神見辰戌子午即來寅申少待酉在道卯在半路回

巳亥不來。又以月將加正時。巳加孟不來。加仲遲至。加季卽速至也。

問何以知行人有信無信。

以日干爲占者。用神爲所占之人。日干與用神相生比和。則主有信。用神克日。亦主有信。日克用神無信。朱雀及午臨日辰者有信。信神入傳。或臨日辰者有信。若用神及朱雀信神空亡。占信不至。若信神用神乘馬。主遠信至也。

問何以知賣物得脫。

先視類神。牲田飲食視丑。木植桌櫈蓆貓視寅。舟車竹器狐兎視卯。魚網磚瓦五穀視辰。絲帛馬鹿視午。羊雁酒食視未。金銀刀劍視申。小麥銅錢雞鴨視酉。印綬騾犬視戌。管鑰及熊猪視亥。又絹帛衣服視太常。魚鹽之類視天空。辰上神克日則易賣。更乘吉將有利。若克日上辰難賣。更乘凶將無利。類神入傳與日相生比者難賣。若類神不入傳。或入傳與日相克者易賣也。

大六壬尋原卷一終

嗔怒神　游行　暗水　起途　官庶俱不利求薦　主宅損頹

視殿神　列席　訐訟　白衣受祿庶人有慶克干減半

上殿神　公廷　明堂　乘車　訐訟　干支不克有祿者保奏大吉又婚姻大利

治獄神　到堂　趨朝　受貢　官事有解

非所神　入室　游行　更移　淫泆　家有暗事外有勾連克干減半

達明神　沐浴走失　地獄　凡事入傳必能解救禍患

貴人主事

追喚神　入獄　嗔怒　訟有刑罰病者克

舉薦神　發車　遷移　官有薦拔大變　化庶人財物

奉德神　操笏登天門　凡事吉克干減半

玷玉神　進用　失印　解紛　貴人失印文字播動庶人損財

襲爵神　入廟　到房　升堂　諸事休美

官爵神　安月　較籍　有官者除權　庶人有喜事

螣蛇主事

上計神
嚙劍財氣
主不測之災
防猝死

夜素神
驚怪入林　惡夢
月占内有靈位在
家未葬之象或有
家鬼作祟

怪寢神
乘霧
怪夢　道阻
忌占訟

光怪神
飛天　到房
怪異　身憂
克支主產難
宅夜啼

纏伏神
到堂　盲暗
露牙　損暗
百事正滯
虛桂

棒杖神
象　進化
憂疑　自蟠
占訟財散占
病不利

馬窺神
血光
入塚　暗暗
主改换僕馬
等事

顛狂神
驚怪當門
凡事不利家
有耗鬼作祟

洩血神
墮水　虛驚
陰人有病百
事不利

盜賊神
掩目　被害
沉水
主怪異災害
之事

帶閣神
伏憂　入陸
盤尾
憂疑　游行
什位遷陞庶人
小利

孕喜神
生角　梁損
占病愈孕有
占財不如數

庸　[illegible]齒
氣　音書　遠期
神　主喪禍

嘉　飛星　啄食
會　文字吉克
神　干減半

前　羽蟲　到房
踊　雁帛　噬符
神　主見怪異訟
　　事凶

釜　翱翔　安業
鳴　主怪異事謀
　　爲有阻占官
神　有災

朱雀主事

暗　歸鴻　夜鳴
啞　主有人抱疾
神　如無防不測

勾　斂翼　口舌
留　投羅
神　主文字不明

喧　無至　入細
競　哭泣
　　小人强婚君子
神　欺詐百事不利

媒　坐林
妁　婚姻交易
神　皆吉

啾　沐浴　入水
唧　沉溺
　　陰合舌上下不
神　順去位遲疑

失　投江　損翼
印　主口舌防失呪
神　百事不利

帶　掩目
德　主變化在官吉
神　婚姻和合

通　文沓　啣符
利　安巢　游行
　　主文書占財遂
神　克干減半

六合主事

催生神
貴詞　鬅髮
臨日破有喜如
臨喜神孕吉

宴樂神
舊害　朝會
游行　素服
宴會和合

關報神
升堂　合親
百事吉利

孝服神
毀罵　不諧
摯書
凡占上下災
病終日憂疑

哽噎神
私竄跳足
主婢逃破財
凡事大憂

齕牙神
家鳴　持巾
違禮
凡事咬牙嚙
齒犯克尤凶

書復神
亡羞　登途
暗昧　逃亡
主欺詐及奴逃

和合神
到房　入室
謀事有吉小
口主災

掩翳神
乘輅　升堂
待命
尅文有咎

伽藍神
執笏　反目
病宜作福

受命神
臥疾　嚴
凡事順行則
吉利

扶會神
乘軒　親相
添口
凡事首尾
空虛

勾陳主事

初末も丨多訟
病且末も发用丨久患

失理神：趨途 升堂 升廷 占官祿必 病而損身

天印神：訟田 入驛 在驛 文書事吉 田事訟

會遇神：辨明 反目 主慶會和美之事

血腥神：捧印 小憎 主陰人有血氣 癆瘵之病升 洩血不止

爭鬪神：佩劍 升堂 主隱匿不明

口嘴神：囚繫 啣刀 陳詞 下獄 嗔怒不常克日尤急

獄子神：到房 插劍 升廟 家訟 主文字有口舌 訟不安尅有傷

關鎖神：入獄 血忌 枷棒 門災 百事不利

亂絲神：爭鬪 辯衣 褒劉 主家人上下不和克支最速

守獄神：機 反目 遊行 主手足病占訟不吉

舉訟神：入化 受鉞 爭官 主口舌克日尤緊

開關神：遭囚 受制 失時 百事凶如受克不妨

嚎呲神

逆鱗（宜安靜）　擺頭
凡事先憂后
喜占病最凶
有解方妥

送喜神

無鱗　入墓
陸地（謀未遂）
萬事皆有喜
百謀俱遂

薦舉神

遊行　焚身（因財生憂）
主文字喜慶
尅支減半

交項神

升騰　飛天
退吉　掩目（因財生憂）
主重重之喜
占財必得

隔岸神

伏陸　摧角（宜安靜）　折足
主門戶是非

青龍主事

初乘天乙喜慶
長生乘太歲用事遊戲

咬喜神

閉目　飛天（君子欲動）　盤泥
凡事吉主添
四宅

謾語神

御雨　登魁（火爭財）
損奴　臨墓
主作事不和守
靜乃吉

迎軒神

弄水　添人
到堂（利經營）
驅雷　懂天
主婚姻財帛
等吉

產到神

生喜　入水（動有大慶）
占孕主子別
事三思

受擾神

戲水　遊海（動有大慶）
主婦人口舌
喑事

帶關神

蟠泥　掩目（謀未遂）
婢損
占官加職祿
人亭

登慶神

乘雲　到房（利經營）
主益
凡見喜重重
尅支減半

天空主事

污 鼓舌
後 主家宅不安
神 大小疾疫

斷 超進 文書
腸 井怪 宿疾
神 萬事不成

回 入化 游行
識字
絕 忌投文書及
神 遠信

喜 憂疑 搖舌
受辱 血災
慶 百事吉占病
神 主腹痛

四 出戸巧說
殺 一切不利
神

怒 凶惡 逃亡
嚇 凡事有犯不
神 順

欺 犯上 到房
詐 居室
神 百事俱虛

假 受制 乖戾
借 出入不利占
神 訟損財

啾 儒冠 旱災
誣詞
唧 凡事勾暗占
神 訟止

到 溺水
退 百事有憂占
神 病災退

捧 升堂 人變
侍側
印 仕子超擢庶
神 人變跡

就 升堂 被制
犯牢
台 百事均可訪
神 謁不順

行病神
到房　嗍牒（可待喜信）
凡占百事不順克支尤凶

爭戰神
登山　音至
口舌
不宜出入占不利

信牒神
燒身（不能為患）　斷室
胎孕　孝服
理處不利常占多憂占病吉

血光神
大禍
焚身（名害）
占孕吉常
占不利

交錯神
陰動　鬭毆
當路
鬭進不利

白虎主事

（初平九、四兴衣　起常来九岁用一出服）

懸口神
夜行　陞人（不祥）
災病　遊行
如支克不利
於疾病

虛空神
閉目　驚遁
落穽（般桂梧之殃）　大驚

五墓神
病符　更改
佳穴（臨门拆傷合）
主家宅咒咀
不寧

災病神
眠睡　病衰
溺水（音書不至）
占病最忌

自傷神
升堂　渡江
斷路　溺水（音書不至）
凡事急躁
有傷

淫亂神
曠野　墳墓
直視　口舌
仕人淫心不順
庶人飲食不節

伏連神
遊行　出林（常生救之柄）
梁折
主家有血氣
之人

太常主事

蓮露神 遠音 首飾 擲爵 主女人有孕 及遠信至

軒冕神 窺戶 到房 在官除權 庶人得財

文信神 文印 乘輅 占文書遠 信大吉

奏事神 鑄印 飲食 仕人得祿庶 人發財

和會神 首飾 酒食 立券 占謀望求財 必獲大吉

二形神 佩印 荷項 主男女病疾 百事虛耗

僕馬神 受印 入獄 逆命 主失僕馬占 病主散

酒醴神 晤期 遊行 遺冠 仕人交禮一切 如意

持印神 升堂 憂虞 聘召 凡事吉利有 官加祿

隔裁神 持印 荷項 遺枷 必值决罰 百事阻

晏樂神 列席 受爵 設席 飲食 百事順

賞賜神 失時 側目 主改更變 動

破鏡神
持刀　遊行
主驚憂
不測

毒藥神
朝天　隄失
入城
凡事宜細防
不測

破項神
羅路　失劍
耗索　碍道
凡事主散

隔礙神
跳足　反顧
勾連
虛名虛利

僞詳神
持戈　拔劍
盜傷　私事
主誑詞詐

元武主事

枷棒神
入獄　升堂
失路
訟主遭刑
克日凶甚

五凶神
戰氣　女災
危事　遭囚
主婦人有災官
私口舌克支凶

竊戶神
損失退財
凡事不利

破暗神
頂冠　損失
伏藏
凡事出暗進
明

賊盜神
過海　枷日
到房　散髮
逢盜
主失財克支
尤的

無成神
立雲　升堂
主蹉跎不就

田暗神
披髮　入林
凡事宜進主訟
解病愈

太陰主事

關連神
執政 脩容
法服
主陰人口舌
盜賊不明之事

鐃鈸神
入官 隱匿
陰私 閉月
老陰 剗房
主奴僕陰人
損失占病凶

漂流神
緩裳 女災
被察
主陰人暗損
百事不吉

盲聾神
裸體 姙娠
遺亡
遇事難明

酒饌神
持上 婚聘
主婚姻和合
喜事臨門

迅避神
垂簾 憂疑
逃遣
主奴婢逃亡

蹉跎神
披髮 口舌
脫巾 燒身
主心緒攪亂
耗散不寧

障蔽神
守局 願心
升堂 入內
有負于鬼神
心愿未了

恍惚神
伏枕 爭訟
遊行
主躁烈耗散
之事

暗昧神
理冠 僕病
遭迍
百事藏伏勾
連暗昧

風波神
微行 隱匿
陰私 沐浴
不利乘舟遠
行主不測

馬蹶神
跌足
主家有不明
事

催生神
理妝 脩容
主口舌憂危
占孕吉

關印神
婚聘 遊行
沐浴
萬事亨通

往抱神
姻期 臥疾
伏枕
百事不利

產到神
裸體 蔽匿
多淫
占孕不利或
怪夢不常

褰濫神
把鏡 孕婚
倚戶
家有耗亂淫不
和謀破財之事

羣虎神
入帷 逃遁
褰裳
主陰人病百事
凶占產者速生

天后主事

墮胎神
毀妝 送娘
占孕不育主
女人血光

不照神
升堂 倚門
淫泆
百事掩翳及
血光破敗

厭翳神
治事 到房
虛詐
主進望遲
滯

暗昧神
口舌 盜賊
守局 暗疾
百事暗昧克
支主口舌

受思神
出局 偷窺
僧道 僞妄
君子召命
庶人財喜

結果神
和合 結髮
喜信重重美
譽之也

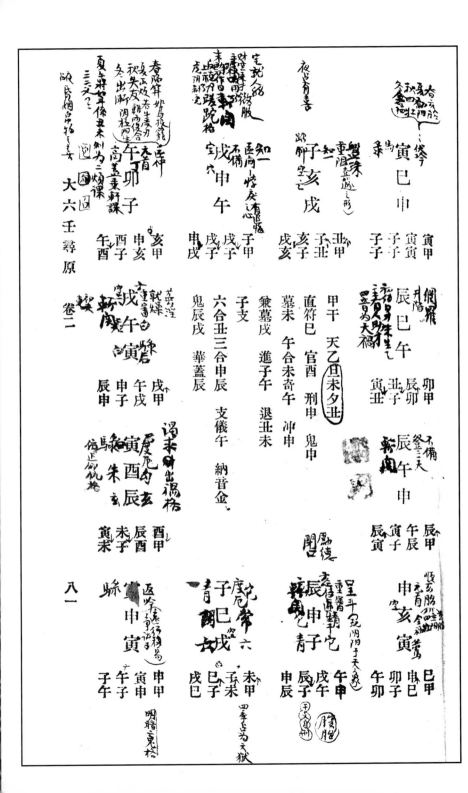

春亥胎　夏寅胎　秋巳生　冬申旺　伏吟

馬乘　寅　巳　申

寅甲　寅寅　子子　子子

閉羅

辰　巳　午

卯甲　辰卯　丑子　寅丑

不備　登三天

斬關　辰　午　申

辰甲　午辰　寅子　辰寅

順玄胎

元首　申　亥　寅

巳甲　申巳　卯子　午卯

夜占有喜

知一　重陰　子　亥　戌

丑甲　子丑　亥子　戌亥

甲干　天乙丑未夕丑

直符巳　官酉　刑申　鬼申

墓未　午合未奇午　沖申

兼墓戌　進子午　退丑未

子支

六合丑三合申辰　支儀午　納音金

鬼辰戌　華蓋辰

重審

辰　申　子

午申　戌午　辰子　申辰

度厄

子　巳　戌

未甲　子未　巳子　戌巳

知一　不備

戌　申　午

子甲　戌子　戌子　申戌

炎上

戌　午　寅

戌甲　午戌　申子　辰申

遙克

寅　酉　辰

酉甲　辰酉　未子　寅未

返吟

寅　申　寅

申甲　寅申　午子　子午

元首

午　卯　子

亥甲　申亥　酉子　午酉

大六壬尋原 卷二

胞胎格

酉 丑 巳

申乙 子申 巳丑 酉巳

春孫禄 夏遊子 秋地角 冬五墓

未 戌 丑

未乙 戌未 辰丑 未辰

申 戌 子

午乙 申午 卯丑 巳卯

寅 卯 辰

巳乙 午巳 寅丑 卯寅

寅 未 子

酉乙 寅酉 午丑 亥午

乙干 貴丑申夕子
直符辰合申 刃辰 墓戌
官申 刑辰 鬼酉 冲未
破辰 進子午 退丑未 奇巳
丑支
申卯 墓辰 三合巳酉 六合子
支儀丑 納音金 華蓋丑

辰 丑 戌

辰乙 辰辰 丑丑 丑丑

戌 辰 未

戌乙 辰戌 未丑 丑未

丁神動庚六親詳
向辛使母逃亡兆
癸用空為孤寡方

子 亥 戌

卯乙 寅卯 子丑 亥子

卯 戌 巳

亥乙 午亥 申丑 卯申

巳 丑 酉

子乙 申子 酉丑 巳酉

丑 戌 未

丑乙 戌丑 戌丑 未戌

春越庫 夏轉魁 秋墓 冬伏門

亥 酉 未

寅乙 子寅 亥丑 酉亥

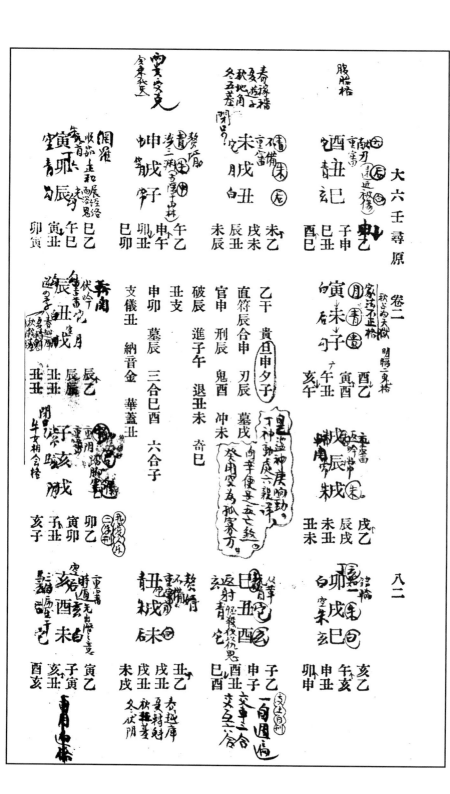

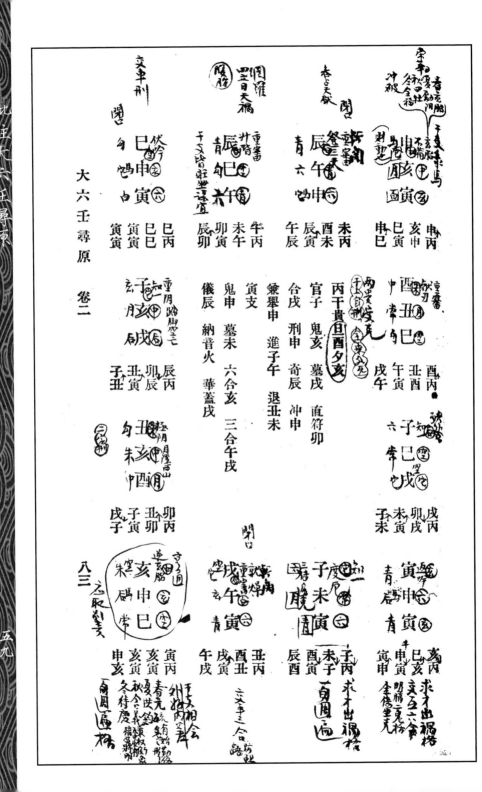

申 亥 寅

申丙
亥申
巳寅
申巳

辰 午 申
青 六

未丙
酉未
辰寅
午辰

辰 巳 午
青

午丙
未午
卯寅
辰卯

巳 申 寅

巳丙
巳巳
寅寅
寅寅

酉 丑 巳

酉丙
丑酉
午寅
戌午

丙干貴旦酉夕亥
官子 鬼亥 墓戌 直符卯
合戌 刑申 奇辰 沖申
兼舉申 進子午 退丑未
寅支
鬼申 墓未 六合亥 三合午戌
儀辰 納音火 華蓋戌

子 亥 戌

辰丙
卯辰
丑寅
子丑

子 巳 戌

戌丙
卯戌
未寅
子未

丑 亥 酉

卯丙
丑卯
子寅
戌子

寅 申 寅
青 青

亥丙
巳亥
申寅
寅申

子 未 寅

子丙
未子
酉寅
辰酉

戌 午 寅
青

丑丙
酉丑
戌寅
午戌

亥 申 巳

寅丙
亥寅
亥寅
申亥

大六壬尋原　卷二

知一　涉害
辰巳午

申酉辰巳
丁申卯辰

勵德　伏吟　自信
卯子午

未未卯卯
丁未卯卯

入墓
丑子亥

午巳寅丑
丁午卯寅

涉害　極陰
丑亥酉

巳卯丑亥
丁巳卯丑

勵德
酉亥丑

酉亥巳未
丁酉卯巳

丁干　貴旦亥夕酉

合亥　官亥　奇卯　進神子午

退神丑未　鬼子　墓丑　刑丑

沖丑　羊刃未　飛刃丑　魯都亥

卯支

六合巳　三合亥未　儀酉　鬼酉

華蓋辰　納音火

冬三月將如午係丑未為二煩

三交
子酉午

辰丑子酉
丁辰卯子

春酉將如午係丑未為二煩

三交
酉子卯

戌丑午酉
丁戌卯午

元首
未卯亥

卯亥亥未
丁卯卯亥

八專
未亥卯

亥卯未亥
丁亥卯未

巳戌卯

子巳申丑
丁子卯申

卯酉卯

丑未酉卯
丁丑卯酉

戌巳子

寅酉戌巳
丁寅卯戌

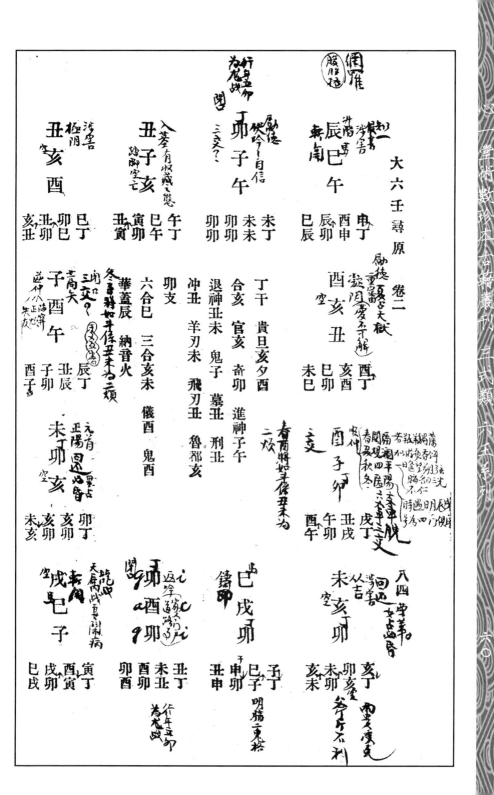

亥 寅 巳

申戌　亥申　未辰　戌未

重審 涉三淵

申 戌 子

未戌　酉未　午辰　申午

寅 午 午

午戌　未午　巳辰　午巳

巳 申 寅

巳戌　巳巳　辰辰　辰辰

子 辰 申

酉戌　丑酉　申辰　子申

戊干　貴旦丑夕未

合丑　官卯　奇寅　進神子午

退神丑未　鬼寅　墓戌　刑申

冲亥　羊刃午　飛刃子　魯都寅

辰支

六合酉　三合申子　儀寅　鬼寅

華蓋辰　納音木

卯 寅 丑

辰戌　卯辰　卯辰　寅卯

馬白 寅 未 子 虎鬼

戌戌　卯戌　酉辰　寅酉

丑 空亥 酉

卯戌　丑卯　寅辰　子寅

返吟

巳 空亥 巳

亥戌　巳亥　戌辰　辰戌

子 未 寅

子戌　未子　亥辰　午亥

重審

子 申 辰

丑戌　酉丑　子辰　申子

元首

馬寅 空亥 申

寅戌　亥寅　丑辰　戌丑

大六壬尋原　卷二

申　申　午（蛇掩目）

申己　酉申　午巳　未午

伏吟

巳　申　寅

未己　未未　巳巳　巳巳

丁卯　寅　丑

午己　巳午　辰巳　卯辰

極陰

丑　亥　酉

巳己　卯巳　卯巳　丑卯

向三奇

人暗助格

帷簿　不備

亥　丑　丁卯

酉己　亥酉　未巳　酉未

己干　貴日子夕申

合寅　官寅　奇丑　進神卯酉

退神辰戌　鬼卯　墓丑　刑寅

冲丑　羊刃未　飛刃丑　魯都未

巳支

六合申　三合酉丑　儀丑鬼亥

華蓋丑　納音木

寅　亥　申

辰己　丑辰　寅巳　亥寅

玄胎　重審

申　亥　寅

閉口

戌己　丑戌　申巳　亥申

先春

秋占天獄　明將二鬼格

丁卯　亥　未

卯己　亥卯　丑巳　酉丑

涉害

酉　丑　巳

亥己　卯亥　酉巳　丑酉

鑄印　涉害

巳　戌　丁卯

子己　巳子　戌巳　卯戌

人暗助格

返吟

巳　亥　巳

丑己　未丑　亥巳　巳亥

無祿

酉　辰　亥

寅己　酉寅　子巳　未子

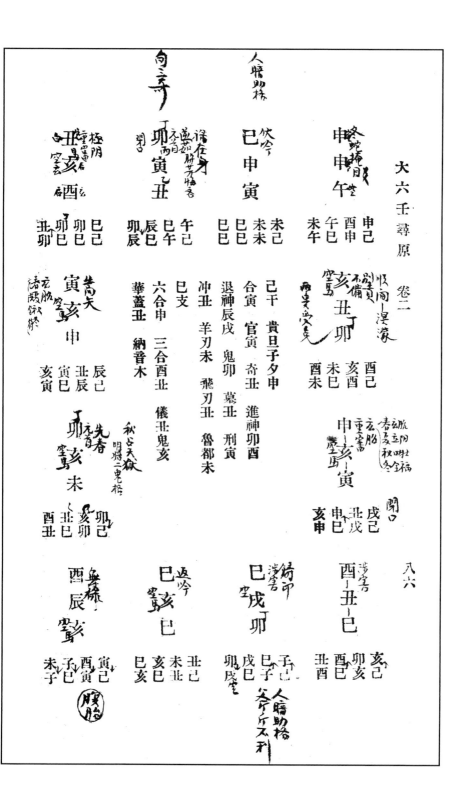

交互合
冬乙天獄

伏吟
申
寅
巳

午午申申
午午申庚

蒿矢
午
巳
辰

辰巳午未
巳午未庚

殷胎
教唆格
閉

乱首
斷祖
不備
壬午
辰
寅
初中拔地上夜貴

寅辰辰午
辰午午庚

明暗二鬼

人宅胎禍
春元胎
夏洪鈞
秋合炎
冬待慶

玄胎
巳
寅
空亥

子卯寅巳
卯午巳庚

虎視稍遠
空戌
未
酉
初中拔夜貴

申未戌酉
未午酉庚

庚干 貴旦丑夕未 青陰丁因喜未而凶卯
合辰 官午 奇未 進神卯酉
退神辰戌 鬼巳 墓丑 刑寅
冲寅 羊刃酉 飛刃卯 魯都午
午支
六合未 三合寅戌 儀未 鬼子
華蓋戌 納音土

涉害
就燥
三傳遞生
空戌
午
寅

戌寅子辰
寅午辰庚

乱首
涉害
涉之淵
馬申
空戌
子
初中拔地上夜貴

閉

合會空不有害空上

戌申子戌
申午戌庚

鬼[illegible]
空戌
巳
子

申丑戌卯
丑午卯庚

重審
二交？
酉
子
丁卯

亥庚
子酉午亥 — 子酉寅亥 / 酉午亥庚

子酉寅亥
酉午亥庚

春閉陰 夏觀潮 秋四平 冬遲陰
春季時 如斗係 丑未為二煩

昴星
涉害
辰
申
子

寅戌辰子
戌午子庚

涉害
辰
酉
寅

辰亥午丑
亥午丑庚

返吟（无依）
寅
馬申
寅

午子申寅
子午寅庚

大六壬尋原 卷二

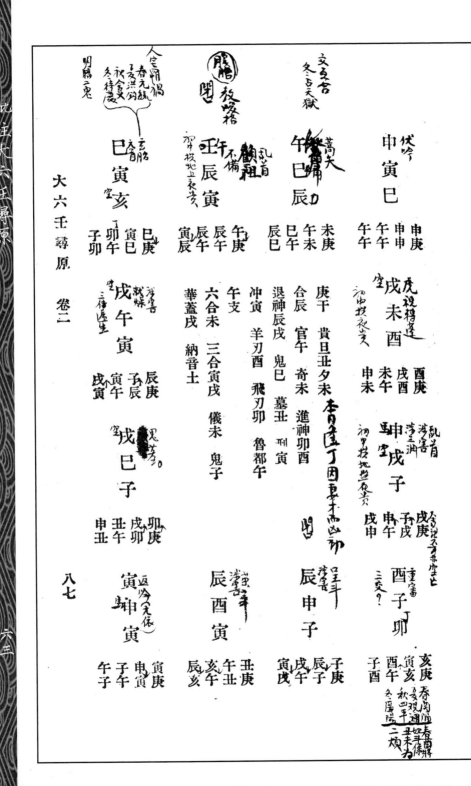

午
辰
寅

申辛　午申　巳未　卯巳

亥
未
未

未辛　辰未　辰未　丑辰

卯
亥
未

午辛　寅午　卯未　亥卯

酉
辰
亥

巳辛　子巳　寅未　酉寅

巳
辰
卯

酉辛　申酉　午未　巳午

辛干　貴旦寅夕午

合巳　官巳　奇申　進神卯酉

退神辰戌　鬼午　墓辰　刑未

冲辰　羊刃戌　飛刃辰　魯都申

未支

三合亥卯　六合午　儀申　鬼卯

華蓋未　納音土

巳
丑
辰

辰辛　戌辰　丑未　未丑

未
丑
戌

戌辛　戌戌　未未　未未

巳
戌
卯

卯辛　申卯　子未　巳子

申
亥
申

亥辛　子亥　申未　酉申

寅
辰
午

子辛　寅子　酉未　亥酉

亥
丑
丑

丑辛　辰丑　戌未　丑戌

亥
卯
未

寅辛　午寅　亥未　卯亥

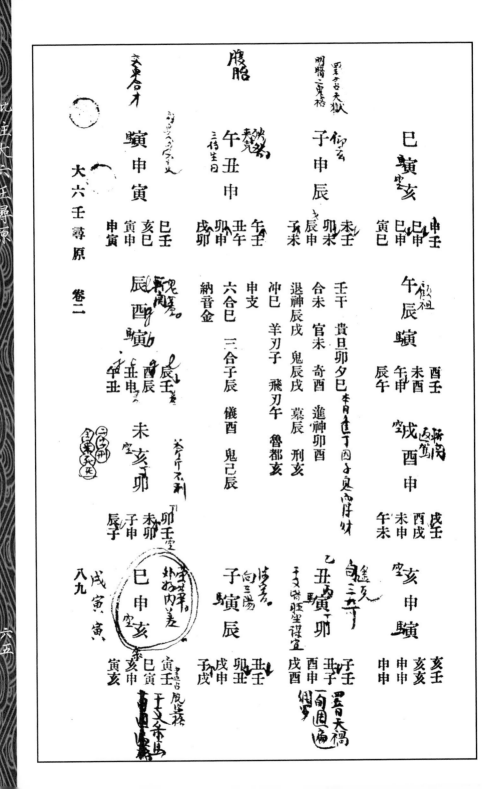

巳
寅
亥

申壬 巳申 巳申 寅巳

子
申
辰

未壬 卯未 辰申 子未

午
丑
申

午壬 丑午 卯申 戌卯

寅
申
寅

巳壬 亥巳 寅申 申寅

午
辰
寅

酉壬 未酉 午申 辰午

壬干 貴旦卯夕巳
合未 官未 奇酉 進神卯酉
退神辰戌 鬼辰戌 墓辰 刑亥
冲巳 羊刃子 飛刃午 魯都亥
申支
六合巳 三合子辰 儀酉 鬼己辰
納音金

辰
酉
寅

辰壬 酉辰 丑申 午丑

戌
酉
申

戌壬 酉戌 未申 午未

未
亥
卯

卯壬 未卯 子申 辰子

亥
申
寅

亥壬 亥亥 申申 申申

丑
寅
卯

子壬 丑子 酉申 戌酉

子
寅
辰

丑壬 卯丑 戌申 子戌

巳
申
亥

寅壬 巳寅 亥申 寅亥

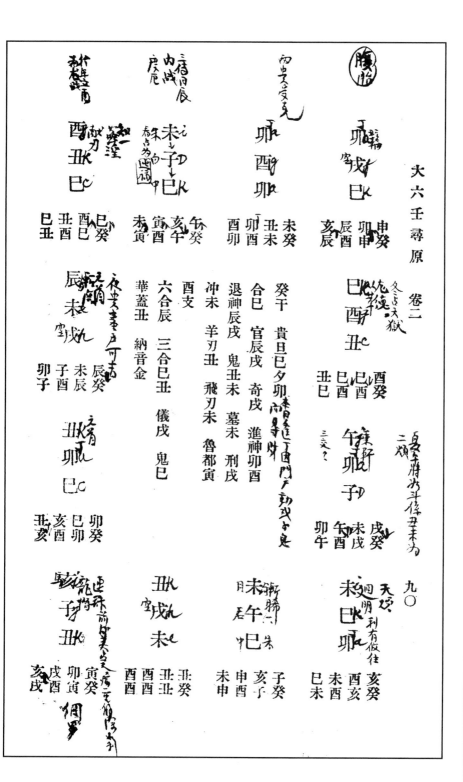

卯
戌
巳

申癸　卯申　辰酉　亥辰

卯
酉
卯

未癸　丑未　卯酉　酉卯

未
子
巳

午癸　亥午　寅酉　未寅

酉
丑
巳

巳癸　酉巳　丑酉　巳丑

巳
酉
丑

酉癸　巳酉　巳酉　丑巳

癸干　貴旦巳夕卯
合巳　官辰戌　奇戌　進神卯酉
退神辰戌　鬼丑未　墓未　刑戌
冲未　羊刃丑　飛刃未　魯都寅
酉支
六合辰　三合巳丑　儀戌　鬼巳
華蓋丑　納音金

辰
未
戌

辰癸　未辰　子酉　卯子

午
卯
子

戌癸　未戌　午酉　卯午

丑
卯
巳

卯癸　巳卯　亥酉　丑亥

未
巳
卯

亥癸　酉亥　未酉　巳未

未
午
巳

子癸　亥子　申酉　未申

丑
戌
未

丑癸　丑丑　酉酉　酉酉

亥
子
丑

寅癸　卯寅　戌酉　亥戌

遇求才出福枯　明暗二鬼格

白寅（后）
宅申（青）
白寅（后）

申甲　寅申　辰戌　戌辰

四五子占天獄

青子（蛇）
朱巳（常）
六戌（六）

未甲　子未　卯戌　申卯

勝形

后寅（蛇）
后午（白）
六戌（六）

午甲　戌午　寅戌　午寅

青申（青）
白亥（朱）
白寅（后）

巳甲　申巳　丑戌　辰丑

知一

青子（蛇）
中未（空）
白寅（后）

酉甲　辰酉　巳戌　子巳

甲干　貴旦未夕丑
合未　官酉　奇午　進神子午
退神　丑未　鬼申　墓未　刑巳
冲申　飛刃巳　羊刃卯　魯都未
戌支
六合卯　三合寅午　儀亥　鬼寅
華蓋戌　納音火

六辰
宅午（青）
后申（白）

辰甲　午辰　子戌　寅子

戌
月午
白寅（后）

戌甲　午戌　午戌　寅午

四五日天禍

六辰（六）
朱巳（勾）
宅午（青）

卯甲　辰卯　亥戌　子亥

后申（白）
朱巳（勾）
青寅（空）

亥甲　申亥　未戌　辰未

知一

宅午（青）
六辰（六）
青寅（空）

子甲　戌子　申戌　午申

白子（后）
常亥（朱）
玄戌（玄）

丑甲　子丑　酉戌　申酉

青寅（空）
朱巳（勾）
后申（白）

寅甲　寅寅　戌戌　戌戌

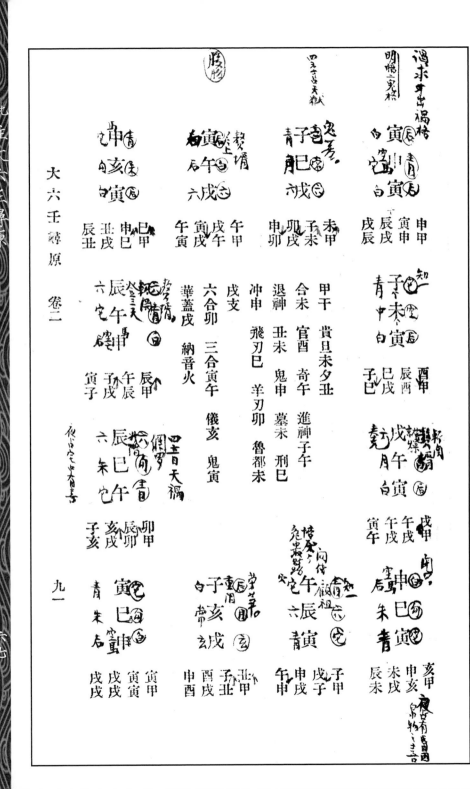

大六壬尋原 卷二

未
亥
卯

申子卯未
乙申亥卯

遊子

未
戌
丑

亥戌寅巳
乙未亥寅

申
戌
子

午申丑卯
乙午亥丑

丑
寅
卯

巳午子丑
乙巳亥子

家法不正格　秋占天獄　求才出禍格　明暗三鬼

寅
未
子

酉寅辰酉
乙酉亥辰

乙干　貴丑申夕子
合申　官申　奇巳　進神子午
退神丑未　鬼酉　墓戌　刑辰
冲戌　羊刃辰　飛刃戌　魯都午
亥支
六合寅　三合卯未　儀午　鬼丑未
華蓋未　納音火

辰
亥
巳

辰辰亥亥
乙辰亥亥

巳
亥
巳

戌辰巳亥
乙戌亥巳

戌
酉
申

卯寅戌酉
乙卯亥戌

九二

午
丑
申

亥午午丑
乙亥亥午

未
卯
亥

子申未卯
乙子亥未

丑
戌
未

丑戌申巳
乙丑亥申

酉
未
巳

寅子酉未
乙寅亥酉

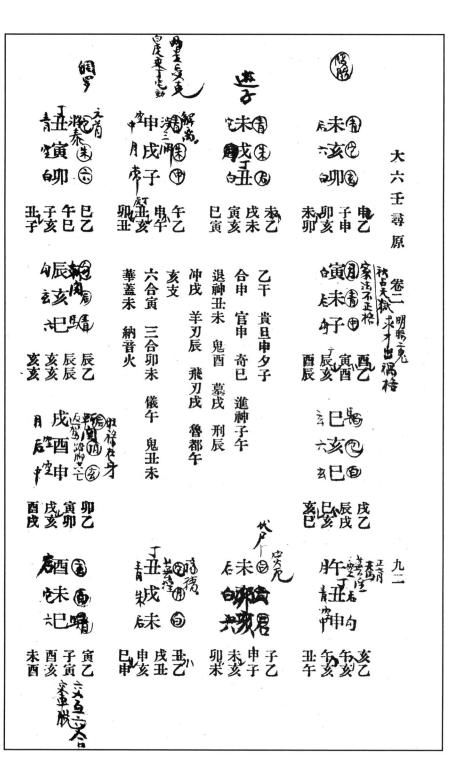

申
亥
寅

申丙
亥申
卯子
午卯

春占天獄

辰
午
申

未丙
酉未
寅子
辰寅

罔罗
四旦天禍
腰斬
牛女相会格

寅
卯
辰

午丙
未午
丑子
寅丑

巳
申
亥

巳丙
巳巳
子子
子子

大六壬尋原　卷二

酉
丑
巳

酉丙
丑酉
辰子
申辰

丙干　貴旦酉夕亥
合戌　官子　奇辰、進神子午
退神丑未　鬼酉　墓戌　刑申
冲亥　羊刃午　飛刃子　魯都申

子支
六合丑　三合申辰　儀午　鬼辰戌
華蓋辰　納音水

戌
酉
申

辰丙
卯辰
亥子
戌亥

巳
戌
卯

戌丙
卯戌
巳子
戌巳

丑
亥
酉

卯丙
丑卯
戌子
申戌

午
子
午

亥丙
巳亥
午子
子午

明暗鬼

子
未
寅

子丙
未子
未子
寅未

侵害

申
辰
子

丑丙
酉丑
申子
辰申

三合

午
卯
子

寅丙
亥寅
酉子
午酉

夏午將如斗係斗未為二煩課

大六壬尋原

閻罗 陰府 尋死客

三奇

申 六 空 宅
酉 朱 空 中
戌 空 后

申丁 酉申 寅丑 卯寅

遊子

丑 朱 蛇
戌 后 后
未 常 朱

未丁 未未 丑丑 丑丑

上下俱合

子 空 玄
亥 貴 駁 月
戌 后 后

午丁 巳午 子丑 亥子

亥 貴 駁 朱
酉 陰 空 蛇
未 常 月

巳丁 卯巳 亥丑 酉亥

[illegible] 天獄

酉 朱 空 中
亥 貴 駁 月
丑 陰 蛇

酉丁 亥酉 卯丑 巳卯

金乗死炁

丁干 貴旦亥夕酉
合亥 官亥 奇卯 進神子午
退神丑未 鬼子 墓丑 刑午
冲丑 羊刃未 飛刃丑 魯都亥
丑支
六合子 三合巳酉 儀巳 鬼卯
華蓋丑 納音水
冬二寸蛇如斗係丑未為二煩

冬蛇掩目

子 空 六
辰 青 白
戌 后 空

辰丁 丑辰 戌丑 未戌

冬蛇掩目

午 青 六
戌 空 春
辰 白 青

戌丁 丑戌 辰丑 未辰

上下[illegible] 勞前阴後

巳 空 常
丑 朱 勾
酉 陰 空

卯丁 亥卯 酉丑 巳酉

向中受克

酉 朱 空 中
丑 陰 常
巳 空 勾

亥丁 卯亥 巳丑 酉巳

[illegible]

鑄印

巳 空 常
戌 宅 宅
卯 常 空

子丁 巳子 午丑 亥午

互不合 明暗二鬼

亥 貴 朱
未 后 月
丑 勾 勾

丑丁 未丑 未丑 丑未

卯 后 空
戌 后 宅
巳 空 常

寅丁 酉寅 申丑 卯申

互閻罗 [illegible]

九四

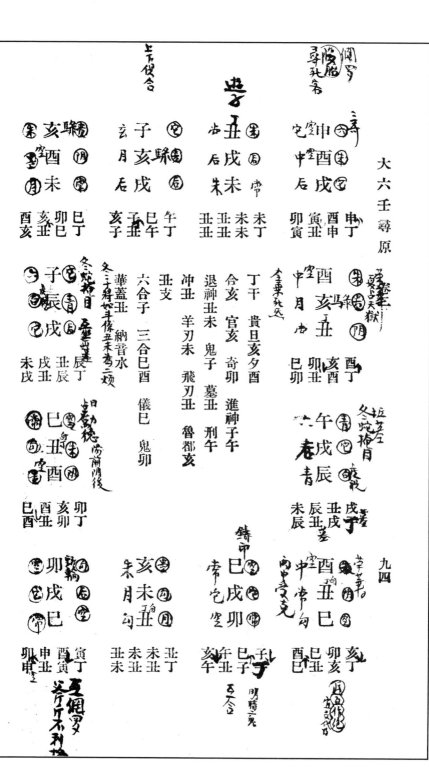

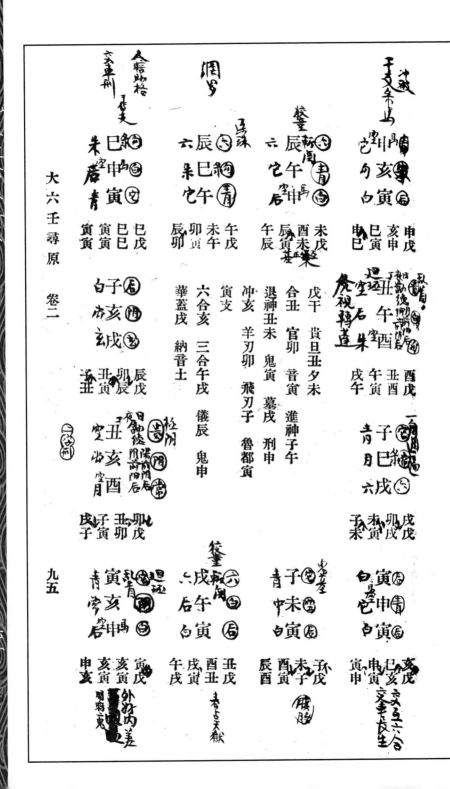

申
亥
寅

申亥巳申
戌申寅巳

辰
午
申

未酉辰午
戌未寅辰

辰
巳
午

午未卯辰
戌午寅卯

巳
申
寅

巳巳寅寅
戌巳寅寅

丑
午
酉

酉丑午戌
戌酉寅午

戊干　貴旦丑夕未
合丑　官卯　音寅　進神子午
退神丑未　鬼寅　墓戌　刑申
冲亥　羊刃卯　飛刃子　魯都寅
寅支
六合亥　三合午戌　儀辰　鬼申
華蓋戌　納音土

子
亥
戌

辰卯丑子
戌辰寅丑

子
巳
戌

戌卯未子
戌戌寅未

丑
亥
酉

卯丑子戌
戌卯寅子

寅
申
寅

亥巳申寅
戌亥寅申

子
未
寅

子未酉辰
戌子寅酉

戌
午
寅

丑酉戌午
戌丑寅戌

寅
亥
申

寅亥亥申
戌寅寅亥

網罗　日占有喜因　才白中吉

勾辰　六巳　朱午

申	酉	辰	巳
己	申	卯	辰

金木相剋　行年主卯為龍戰

卯　常子　朱午

未	未	卯	卯
己	未	卯	卯

夜　蹉跎格

白丑　常子　玄亥

午	巳	寅	丑
己	午	卯	寅

九醜

白丑　玄亥　后酉

巳	卯	丑	亥
己	巳	卯	丑

玄亥　白丑　青卯

酉	亥	巳	未
己	酉	卯	巳

己干　貴旦子夕申

合寅　官寅　奇丑　進神子午

退神丑未　鬼卯　墓丑　刑丑

冲丑　羊刃未　飛刃丑　魯都未

卯支

六合戌　三合亥未　六儀卯　鬼酉

華蓋未　納音土

子　酉　午

辰	丑	子	酉
己	辰	卯	子

酉　常子　青卯

戌	丑	午	酉
己	戌	卯	午

未　白卯　六亥

卯	亥	亥	未
己	卯	卯	亥

九六　迴環

后未　六亥　白卯

亥	卯	未	亥
己	亥	卯	未

玄巳　朱戌　白卯

子	巳	申	丑
己	子	卯	申

白卯　空酉　白卯

丑	未	酉	卯
己	丑	卯	酉

朱戌　玄巳　白子

寅	酉	戌	巳
己	寅	卯	戌

石 申 白
青 寅 它
朱 巳 勾

申申辰辰
庚申辰辰

火鬼克宅大凶 秋占天獄 金日逢丁凶

勾 卯 朱
青 寅 它
空 丑 申

未午卯寅
庚未辰卯

天網 干傳支 迴環

它 午 青
六 辰 六
青 寅 它

午辰寅子
庚午辰寅

人宅罹禍 明暗二鬼

朱 巳 勾
青 寅 它
常 亥 月

巳寅丑戌
庚巳辰丑

它 午 青
貴 未 空
石 申 白

酉戌巳午
庚酉辰巳

庚干 貴旦丑夕未
合辰 官午 奇未 進神卯酉
退神辰戌 鬼巳 墓丑 刑寅
冲寅 羊刃酉 飛刃卯 魯都午
辰支
六合酉 三合申子 儀寅 鬼寅
華蓋辰 納音金

迴環
青 子 它
它 申 青
玄 辰 玄

辰子子申
庚辰辰子

迴環
它 申 白
玄 戌 玄
白 子 后

戌子午申
庚戌辰午

絕嗣
后 午 白
空 丑 申
它 申 青

卯戌亥午
庚卯辰亥

青 寅 后
朱 巳 常
后 申 青

亥寅未戌
庚亥辰未

絕處逢生

迴環
玄 辰 玄
它 申 青
青 子 它

子辰申子
庚子辰申

白 寅 后
貴 未 空
青 子 它

丑午酉寅
庚丑辰酉

求才格

白 寅 后
它 申 青
白 寅 后

寅申戌辰
庚寅辰戌

大六壬尋原　卷二

丑
亥
酉

申　午　卯　丑
辛　申　巳　卯

寅
亥
申

未　辰　寅　亥
辛　未　巳　寅

午
寅
戌

午　寅　丑　酉
辛　午　巳　丑

未
寅
酉

巳　子　子　未
辛　巳　巳　子

卯
寅
丑

酉　申　辰　卯
辛　酉　巳　辰

辛干　貴丑寅夕午

合巳　官巳　奇申　進神卯酉

退神辰戌　鬼午　墓辰　刑未

沖辰　羊刃戌　飛刃辰　魯都申

巳支

六合申　三合酉丑　儀丑　鬼亥

華蓋丑　納音金

巳
亥
巳

辰　戌　亥　巳
辛　辰　巳　亥

巳
申
寅

戌　戌　巳　巳
辛　戌　巳　巳

本日逢丁酉父母墓有凶

卯
申
丑

卯　申　戌　卯
辛　卯　巳　戌

午
未
申

亥　子　午　未
辛　亥　巳　午

寅
辰
午

子　寅　未　酉
辛　子　巳　未

申
亥
寅

丑　辰　申　亥
辛　丑　巳　申

酉
丑
巳

寅　午　酉　丑
辛　寅　巳　酉

巳
寅
亥

申壬　巳申　卯午　子卯

白戌
后午
六寅

未壬　卯未　寅午　戌寅

午
丑
申

午壬　丑午　丑午　申丑

它午
白子
它午

巳壬　亥巳　子午　午子

寅
青子
白戌

酉壬　未酉　辰午　寅辰

壬干
貴旦卯夕巳
合未　官未丑　奇酉　進神卯酉
退神辰戌　鬼辰戌　墓辰　刑亥
冲巳　羊刃子　飛刃午　魯都亥
午支
六合未　三合寅戌　儀未　鬼子
華蓋戌　納音木

后辰
酉
玄寅

辰壬　酉辰　亥午　辰亥

白戌
酉
申

戌壬　酉戌　巳午　辰巳

朱未
亥
六申

卯壬　未卯　戌午　寅戌

亥
午
子

亥壬　亥亥　午午　午午

丑
寅
卯

子壬　丑子　未午　申未

申
戌
子

丑壬　卯丑　申午　戌申

酉
白子
月卯

寅壬　巳寅　酉午　子酉

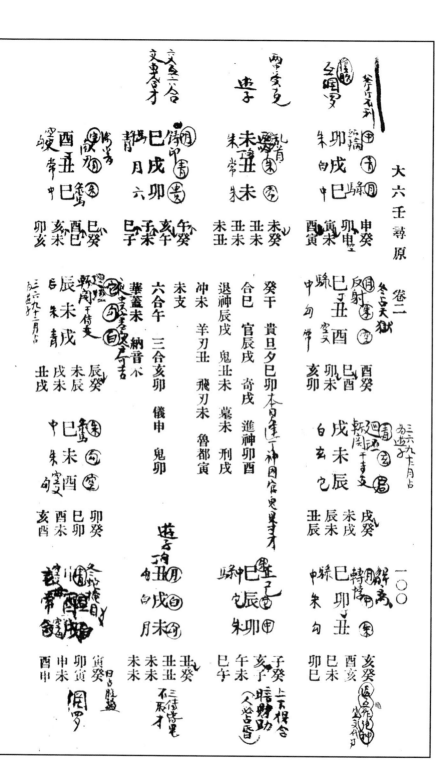

大六壬尋原　卷二

卯
戌
巳

申癸　卯申　寅未　酉寅

未
丑
未

未癸　丑未　丑未　未丑

巳
戌
卯

午癸　亥午　子未　巳子

酉
丑
巳

巳癸　酉巳　亥未　卯亥

巳
丑
酉

酉癸　巳酉　卯未　亥卯

癸干　貴旦夕巳卯

合巳　官辰戌　奇戌　進神卯酉

退神辰戌　鬼丑未　墓未　刑戌

沖未　羊刃丑　飛刃未　魯都寅

未支

六合午　三合亥卯　儀申　鬼卯

華蓋未　納音

辰
未
戌

辰癸　未辰　戌未　丑戌

戌
未
辰

戌癸　未戌　辰未　丑辰

巳
未
酉

卯癸　巳卯　酉未　亥酉

巳
卯
丑

亥癸　酉亥　巳未　卯巳

巳
辰
卯

子癸　亥子　午未　巳午

丑
戌
未

丑癸　丑丑　未未　未未

寅癸　卯寅　申未　酉申

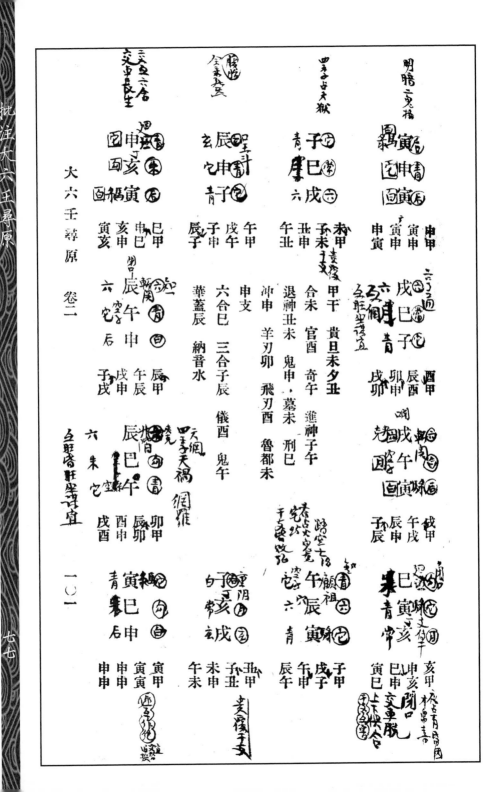

寅
申
寅

申甲 寅申 寅申 申寅

青 子
巳
六 戌

未甲 子未 丑申 午丑

玄 辰
申
青 子

午甲 戌午 子申 辰子

申
亥
寅

巳甲 申巳 亥申 寅亥

六 戌
巳
青 子

酉甲 辰酉 卯申 戌卯

甲干 貴旦未夕丑
合未 官酉 奇午 進神子午
退神丑未 鬼申・墓未 刑巳
沖申 羊刃卯 飛刃酉 魯都未

申支
六合巳 三合子辰 儀酉 鬼午
華蓋辰 納音水

六 辰
午
后 申

辰甲 午辰 戌申 子戌

戌
午
寅

戌甲 午戌 辰申 子辰

六 辰
朱 巳
宅 午

卯甲 辰卯 酉申 戌酉

巳
青 寅
常 亥

亥甲 申亥 巳申 寅巳

宅 午
六 辰
青 寅

子甲 戌子 午申 辰午

白 子
常 亥
玄 戌

丑甲 子丑 未申 午未

青 寅
巳
后 申

寅甲 寅寅 申申 申申

大六壬尋原　卷二

求才出禍格　九醜　勝脫

中　朱　申
斗　子
常　辰

申乙　子申　丑酉　巳丑

三九月占　為遊子　閉口

空　蛇　未
月　戌
白　丑

未乙　戌未　子酉　卯子

兩火又受克

天禍

申
戌
子

午乙　申午　亥酉　丑亥

罔罗　閉口

亥
子
丑

巳乙　午巳　戌酉　亥戌

干支合　占夫獄　明暗二鬼

空才　未
白　子
玄　巳

酉乙　寅酉　寅酉　未寅

白　卯
空　酉
白　卯

戌乙　辰戌　卯酉　酉卯

乙干　貴旦申夕子
合申　官申　奇巳　進神子午
退神丑未　鬼酉　墓戌　刑辰
冲戌　羊刃辰　飛刃戌　魯都午
酉支
六合辰　三合巳丑　儀戌　鬼巳
華蓋丑　納音水

辰
酉
青　卯

辰乙　辰辰　酉酉　酉酉

旺祿在身

申
未
午

卯乙　寅卯　申酉　未申

干支合　閉口

亥
午
青　丑

亥乙　午亥　辰酉　亥辰

玄　巳
青　丑
空　酉

子乙　申子　巳酉　丑巳

三九月占　為遊子　閉口

青　丑
朱　戌
未

丑乙　戌丑　午酉　卯午

未
巳
青　卯

寅乙　子寅　未酉　巳未

三傳遁生

申
亥
寅

申丙　亥申　丑戌　辰丑

四課上克天獄

子
寅
辰

未丙　酉未　子戌　寅子

四課天禍　腰腸　網羅

亥
子
丑

午丙　未午　亥戌　子亥

閉口

巳
申
寅

巳丙　巳巳　戌戌　戌戌

閉口

酉
丑
巳

酉丙　丑酉　寅戌　午寅

丙申受支克

丙干　貴旦酉夕亥
合戌　官子　奇辰　進神子午
退神丑未　鬼亥　墓戌　刑申
冲亥　羊刃午　飛刃子　魯都申
戊支
六合卯　三合寅午　儀亥　鬼寅
華蓋戌　納音土

卯
寅
丑

辰丙　卯辰　酉戌　申酉

干支相会

申
丑
午

戌丙　卯戌　卯戌　申卯

閉口　三合

丑
亥
酉

卯丙　丑卯　申戌　午申

閉口

巳
亥
巳

亥丙　巳亥　辰戌　戌辰

明暗二鬼

子
未
寅

子丙　未子　巳戌　子巳

三傳遁克

酉
巳
丑

丑丙　酉丑　午戌　寅午

閉口

亥
申
巳

寅丙　亥寅　未戌　辰未

丁干　貴旦亥夕酉
合亥　官亥　奇卯　進神子午
退神丑未　鬼子　墓丑　刑丑
冲丑　羊刃未　飛刃丑　魯都亥
亥支
六合寅　三合卯未　儀子　鬼丑未
華蓋未　納音土

申　酉　戌
申丁　酉申　子亥　丑子

伏吟
丁亥　未　丑
未丁　未未　亥亥　亥亥

閉口
戌　酉　申
午丁　巳午　戌亥　酉戌

酉　未　巳
巳丁　卯巳　酉亥　未酉

酉　丁亥　丑
酉丁　亥酉　丑亥　卯丑

午　戌　寅
戌丁　丑戌　寅亥　巳寅

巳　寅　丁亥
辰丁　丑辰　申亥　巳申

回返
未　卯　丁亥
卯丁　亥卯　未亥　卯未

回返　閉口
未　丁亥　卯
亥丁　卯亥　卯亥　未卯

巳　戌　卯
子丁　巳子　辰亥　酉辰

閉口
巳　丁亥　巳
丑丁　未丑　巳亥　亥巳

午　丑　申
寅丁　酉寅　午亥　丑午

秋卯將如斗係
未為二煩

卯　午　酉

申戌　亥申　卯子　午卯

閉口

辰　午　申

未戌　酉未　寅子　辰寅

罔罗　九醜

寅　卯　辰

午戌　未午　丑子　寅丑

人贍助格

巳　申　寅

巳戌　巳巳　子子　子子

閉口　斬關

辰　申　子

酉戌　丑酉　辰子　申辰

戊干　貴旦丑夕未
合丑　官卯　奇寅　進神子午
退神丑未　鬼寅　墓戌　刑卯
冲午　羊刃午　飛刃子　魯都寅

子支
六合丑　三合申辰　儀午　鬼辰戌
華蓋辰　納音火

戌　酉　申

辰戌　卯辰　亥子　戌亥

巳　戌　卯

戌戌　卯戌　巳子　戌巳

九醜

丑　亥　酉

卯戌　丑卯　戌子　申戌

午　子　午

亥戌　巳亥　午子　子午

子　未　寅

子戌　未子　未子　寅未

巳　申　丑

丑戌　酉丑　申子　辰申

寅　亥　申

寅戌　亥寅　酉子　午酉

日占有昏因
閉口
正和
寅
卯
辰

申己　酉申　寅丑　卯寅

三九月占為迍子
稼穡
丑
戌
未　空亡

未己　未未　丑丑　丑丑

上下俱合
牛女相会格
重陰
子　丁
亥
戌

午己　巳午　子丑　亥子

重審
時遁
丁
亥
酉
未　空亡

巳己　卯巳　亥丑　酉亥

六月
迎陽
卯
巳
未　空亡

酉己　亥酉　卯丑　巳卯

己干　貴旦子夕申
合寅　官寅　奇丑　進神子午
退神丑未　鬼卯　墓丑　刑丑
冲丑　羊刃未　飛刃丑　魯都未
丑支
六合子　三合巳酉　儀巳　鬼卯
華蓋子　納音火

鬼
子
辰
戌

辰己　丑辰　戌丑　未戌

午
戌
辰

戌己　丑戌　辰丑　未辰

涉害
返射
巳
丑
酉

明格二鬼　冬占大獄

卯己　亥卯　酉丑　巳酉

酉
丑
巳

亥己　卯亥　巳丑　酉巳

鑄印
巳
戌
卯

子己　巳子　午丑　亥午

人贊助格

丁
亥　馬
未　空亡
丑

丑己　未丑　未丑　丑未

卯
戌
巳

寅己　酉寅　申丑　卯申

申　驛馬
寅
巳

申庚　申申　寅申　寅寅

辰　魁罡
巳
午

酉庚　戌酉　卯寅　辰卯

斬關　知一
辰
午
申　驛馬

戌庚　子戌　辰寅　午辰

申　驛馬　冲破
亥
寅

亥庚　寅亥　巳寅　申巳

知一
子
亥
戌

未庚　午未　丑寅　子丑

庚干　貴旦丑夕未
合辰　官午　奇未　進神卯酉
退神辰戌　鬼巳　墓丑　刑寅
冲申　羊刃酉　飛刃卯　魯都午

本日逢丁因子息而凶

辰
申　驛馬
子

子庚　辰子　午寅　戌午

午
辰
寅

午庚　辰午　子寅　戌子

寅支
六合亥　三合午戌　儀辰　鬼申
華蓋戌　納音木

子
巳
申　驛馬

丑庚　午丑　未寅　子未

元首
巳
寅
亥

巳庚　寅巳　亥寅　申亥

閉口　斬關
戌
午
寅

辰庚　子辰　戌寅　午戌

鬼墓　互旺
戌
巳
子

卯庚　戌卯　酉寅　辰酉

互旺兩投宜

寅
申　驛馬
寅

寅庚　申寅　申寅　寅申

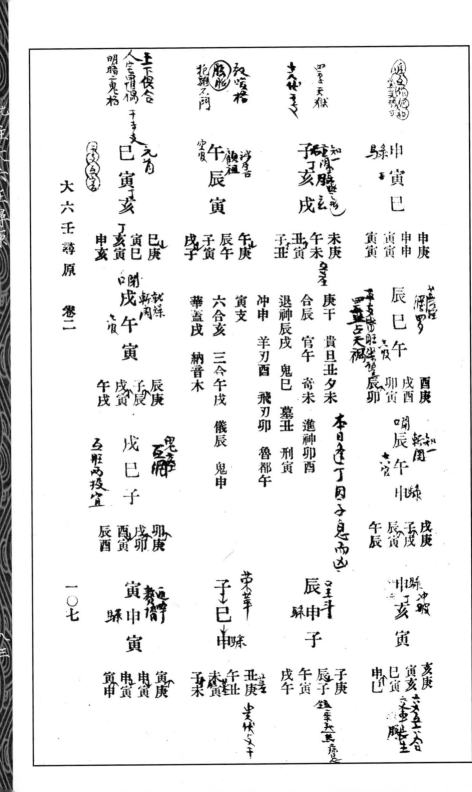

腹胎九醜

冬子將如斗係 丑未為二煩

明將二鬼 入宅白帳禍

丑
亥
酉

亥丑午申
丑卯申辛

子
未
子

酉子辰未
子卯未辛

未
卯
亥

未亥寅午
亥卯午辛

戌
巳
子

巳戌子巳
戌卯巳辛

丑
子
亥

丑寅申酉
寅卯酉辛

辛干　貴旦寅夕午

合巳　官巳　奇申　進神卯酉

退神辰戌　鬼午　墓辰　刑未

沖酉　羊刃戌　飛刃辰　魯都申

卯支

六合戌　三合亥未　儀卯　鬼酉

華蓋未　納音木

卯
酉
卯

卯酉戌辰
酉卯辰辛

卯
子
午

卯卯戌戌
卯卯戌辛

卯
申
丑

丑申申卯
申卯卯辛

辰
巳
午

巳辰子亥
辰卯亥辛

巳
未
酉

未巳寅子
巳卯子辛

酉
子
卯

酉午辰丑
午卯丑辛

未
亥
卯

亥未壬寅
未卯寅辛

巳
寅
亥

申壬　巳申　丑辰　戌丑

子
申
辰

未壬　卯未　子辰　申子

午
丑
申

午壬　丑午　亥辰　午亥

巳
亥
巳

巳壬　亥巳　戌辰　辰戌

寅
子
戌

酉壬　未酉　寅辰　子寅

戌
酉
申

戌壬　酉戌　卯辰　寅卯

亥
辰
戌

亥壬　亥亥　辰辰　辰辰

壬干　貴旦卯夕巳
合未　官未丑　奇酉　進神卯酉
退神辰戌　鬼戌　墓辰　刑亥
冲巳　羊刃子　飛刃午　魯都亥

辰支
六合酉　三合申子　儀寅　鬼寅
華蓋辰　納音水

丑
寅
卯

子壬　丑子　巳辰　午巳

申
戌
子

丑壬　卯丑　午辰　申午

寅
未
子

辰壬　酉辰　酉辰　寅酉

未
亥
卯

卯壬　未卯　申辰　子申

戌
丑
辰

寅壬　巳寅　未辰　戌未

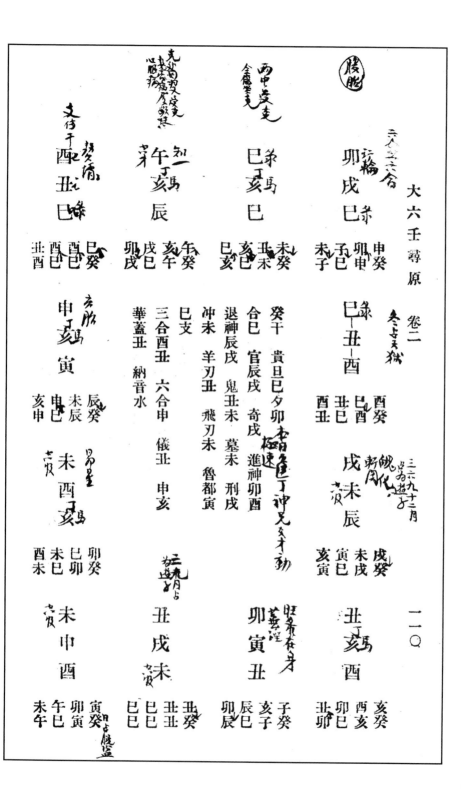

卯
戌
巳

申癸　卯申　子巳　未子

巳
亥
巳

未癸　丑未　亥巳　巳亥

午
亥
辰

午癸　亥午　戌巳　卯戌

酉
丑
巳

巳癸　酉巳　酉巳　丑酉

巳
丑
酉

酉癸　巳酉　丑巳　酉丑

癸干　貴旦巳夕卯
合巳　官辰戌　奇戌　進神卯酉
退神辰戌　鬼丑未　墓未　刑戌
冲未　羊刃丑　飛刃未　魯都寅
巳支
三合酉丑　六合申　儀丑　申亥
華蓋丑　納音水

申
亥
寅

辰癸　未辰　申巳　亥申

戌
未
辰

戌癸　未戌　寅巳　亥寅

未
酉
亥

卯癸　巳卯　未巳　酉未

丑
亥
酉

亥癸　酉亥　卯巳　丑卯

卯
寅
丑

子癸　亥子　辰巳　卯辰

丑
戌
未

丑癸　丑丑　巳巳　巳巳

未
中
酉

寅癸　卯寅　午巳　未午

明暗二鬼格 全傷巫支人

寅
申
寅

申甲 寅申 子午 午子

四子日占天獄 亥子丑三合

子
巳
戌

未甲 子未 亥午 辰亥

寅
午
戌

午甲 戌午 戌午 寅戌

申
亥
寅

巳寅 申巳 酉午 子酉

陽求陰出禍格

酉
辰
亥

酉甲 辰酉 丑辛 申丑

甲干　貴丑未夕丑　合未　官酉　奇子　進神子午　退神丑未　鬼申　墓未　刑巳　冲申　羊刃卯　飛刃酉　魯都未

午支　六合未　三合寅戌　儀未　鬼子　華蓋戌　納音金

斬關 干乘支

辰
午
申

辰甲 午辰 申午 戌申

斬關 干乘支

戌
午
寅

戌甲 午戌 寅午 戌寅

辰
巳
午

卯甲 辰卯 未午 申未

夜占有寄因

申
巳
寅

亥甲 申亥 卯午 子卯

暗才助 （人占必吉）

戌
申
午

子甲 戌子 辰午 寅辰

重陰

子
亥
戌

丑甲 子丑 巳午 辰巳

寅
巳
申

寅甲 寅寅 午午 午午

亥
卯
未

乙申　申子　未亥　亥卯

未
戌
丑

乙未　未戌　未戌　戌丑

申
戌
子

乙午　午申　未酉　酉亥

酉
戌
亥

乙巳　巳午　未申　申酉

巳
戌
卯

乙酉　酉寅　未子　子巳

乙干　貴旦申夕子
合申　官申　奇巳　進神子午
退神丑未　鬼酉　墓戌　刑辰
冲酉　羊刃辰　飛刃戌　魯都午
未支
六合午　三合亥卯　鬼卯
華蓋未　納音金

辰
未
丑

乙辰　辰辰　未未　未未

戌
辰
戌

乙戌　戌辰　未丑　丑未

戌
卯
午

乙卯　卯寅　未午　午巳

午
丑
申

乙亥　亥午　未寅　寅酉

卯
亥
未

乙子　子申　未卯　卯亥

丑
戌
未

乙丑　丑戌　未辰　辰丑

亥
寅
巳

乙寅　寅子　未巳　巳卯

申丙 亥申 亥申 寅亥
申 亥 寅

未丙 酉未 戌申 子戌
子 寅 辰

午丙 未午 酉申 戌酉
酉 戌 亥

巳丙 巳巳 申申 申申
巳 申 寅

酉丙 丑酉 子申 辰子
酉 丑 巳

丙干 貴旦酉夕亥
合戌 官子 奇辰 進神子午
退神丑未 鬼亥 墓戌 刑申
冲亥 羊刃午 飛刃子 魯都申
申支
六合巳 三合子辰 儀酉 鬼午
華蓋辰 納音火

辰丙 卯辰 未申 午未
卯 寅 丑

戌丙 卯戌 丑申 午丑
卯 申 丑

卯丙 丑卯 午申 辰午
丑 亥 酉

亥丙 巳亥 寅申 申寅
寅 申 寅

子丙 未子 卯申 戌卯
戌 巳 子

丑丙 酉丑 辰申 子辰
子 申 辰

寅丙 亥寅 巳申 寅巳
巳 寅 亥

大六壬尋原　卷二　一一四

亥
子
丑

申丁
酉申
戌酉
亥戌

丁
酉
未
丑

未丁
未未
酉酉
酉酉

申
未
午

午丁
巳午
申酉
未申

丑
巳
巳

巳丁
卯巳
未酉
巳未

丁
酉
亥
丑

酉丁
亥酉
亥酉
丑亥

子
卯
午

戌丁
丑戌
子酉
卯子

丁干　貴日亥夕酉
合亥　官亥　奇卯　進神子午
退神丑未　鬼子　墓丑　刑丑
冲丑　羊刃未　飛刃丑　魯都亥
酉支
三合巳丑　六合辰　儀戌
華蓋丑　納音火

午
卯
子

辰丁
丑辰
午酉
卯午

巳
丑
丁
酉

卯丁
亥卯
巳酉
丑巳

亥
卯
未

亥丁
卯亥
丑酉
巳丑

未
子
巳

子丁
巳子
寅酉
未寅

卯
丁
酉
卯

丑丁
未丑
卯酉
酉卯

亥
午
丑

寅丁
酉寅
辰酉
亥辰

亥
寅
巳

申戌 亥申 丑戌 辰丑

子
寅
辰

未戌 酉未 子戌 寅子

亥
子
丑

午戌 未午 亥戌 子亥

巳
申
寅

巳戌 巳巳 戌戌 戌戌

寅
午
戌

酉戌 丑酉 寅戌 午寅

戊干 貴旦丑夕未
合丑 官卯 奇寅 進神子午
退神丑未 鬼寅 墓戌 刑申
冲寅 羊刃午 飛刃子 登都寅
戌支
六合卯 三合寅午 儀亥 鬼寅
華蓋戌 納音木

卯
寅
丑

辰戌 卯辰 酉戌 申酉

申
丑
午

戌戌 卯戌 卯戌 申卯

丑
亥
酉

卯戌 丑卯 申戌 午申

巳
亥
巳

亥戌 巳亥 辰戌 戌辰

子
未
寅

子戌 未子 巳戌 子巳

寅
戌
午

丑戌 酉丑 午戌 寅午

寅
亥
申

寅戌 亥寅 未戌 辰未

網羅

丑 寅 卯

申己　酉申　子亥　丑子

亥 未 丑

未己　未未　亥亥　亥亥

戌 酉 申

午己　巳午　戌亥　酉戌

卯 丑 亥

巳己　卯巳　酉亥　未酉

己干　貴旦子夕申
合寅　官寅　奇丑　進神卯酉
退神辰戌鬼卯　墓丑　刑丑
冲丑　羊刃未　飛刃丑　魯都未
亥支
六合寅　三合卯未　儀子　鬼丑未
華蓋寅　納音木

丑 卯 巳

酉己　亥酉　丑亥　卯丑

巳 寅 亥

辰己　丑辰　申亥　巳申

寅 巳 申

戌己　丑戌　寅亥　巳寅

未 卯 亥

卯己　亥卯　未亥　卯未

未 亥 卯

亥己　卯亥　卯亥　未卯

巳 戌 卯

子己　巳子　辰亥　酉辰

人欲助格

巳 亥 巳

丑己　未丑　巳亥　亥巳

午 丑 申

寅己　酉寅　午亥　丑午

申
寅
巳

申庚
申申
子子
子子

閉口夾亥之
書占天獄

戌
酉
申

未庚
午未
亥子
戌亥

斬關
狂作妄人格

午
辰
寅

午庚
辰午
戌子
申戌

人宅罹禍

午
卯
子

巳庚
寅巳
酉子
午酉

四音天禍

寅
卯
辰

酉庚
戌酉
丑子
寅丑

庚干　貴旦丑夕未
合辰　官午　奇未　進神卯酉
退神辰戌　鬼巳　墓丑　刑寅
冲寅　羊刃酉　飛刃卯　魯都午
子支
三合申辰　六合丑　儀午　鬼辰戌
華蓋辰　納音土

子
申
辰

辰庚
子辰
申子
辰申

辰
午
申

戌庚
子戌
寅子
辰寅

鬼墓

戌
巳
子

卯庚
戌卯
未子
寅未

午
酉
子

亥庚
寅亥
卯子
午卯

辰
申
子

子庚
辰子
辰子
申辰

巳
戌
卯

丑庚
午丑
巳子
戌巳

寅
申
寅

寅庚
申寅
午子
子午

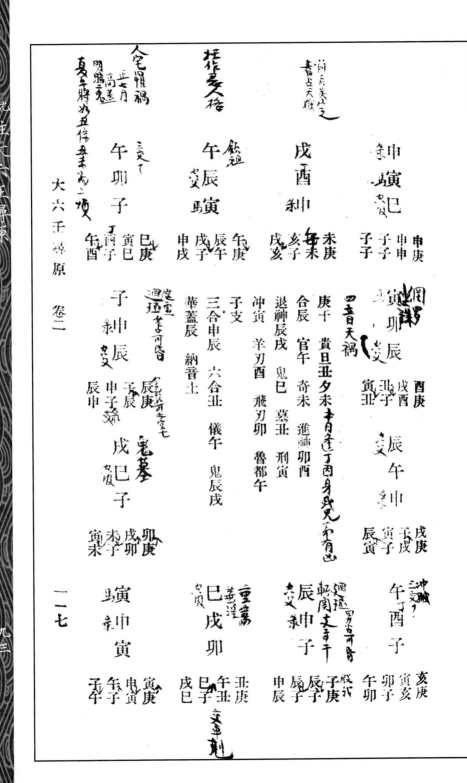

亥
酉
未

酉 亥 午 申
亥 丑 申 辛

巳
未
未

未 戌 辰 未
戌 丑 未 辛

巳
丑
酉

巳 酉 寅 午
酉 丑 午 辛

卯
戌
巳

卯 申 子 巳
申 丑 巳 辛

合秋不可

明暗之鬼 人宅兩惧禍（白虎刑）

子
亥
戌

亥 子 申 酉
子 丑 酉 辛

戊子年子占天獄 旺財長身

辛干 貴旦寅夕午

合巳 官巳 奇申 進神卯酉

退神辰戌 鬼午 墓辰 刑未

冲辰 羊刃戌 飛刃辰 魯都申

丑支

六合子 三合巳酉 儀巳 鬼卯

華蓋丑 納音土

亥
未
辰

丑 未 戌 辰
未 丑 辰 辛

丑
戌
未

寅 丑 辰 戌
丑 寅 戌 辛

三九月占為遊子 文車刑

卯
申
丑

亥 午 申 卯
午 丑 卯 辛

寅
卯
辰

卯 寅 子 亥
寅 丑 亥 辛

巳
未

巳 卯 寅 子
卯 丑 子 辛

巳
丑
丑

未 辰 辰 丑
辰 丑 丑 辛

酉
丑
巳

酉 巳 午 寅
巳 丑 寅 辛

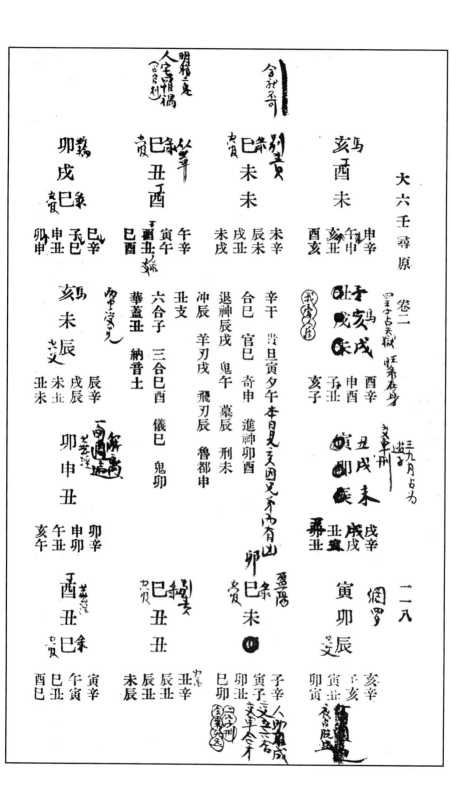

干支交会 干支各乘馬

和美

生才

巳
寅
亥祿

申壬 巳申 亥寅 申亥

明偏二鬼 春占二天獄

墓庫 斬関

戌
午
寅

未壬 卯未 戌寅 午戌

鬼墓

午
丑
申馬

午壬 丑午 酉寅 辰酉

丙申交互

寅
申馬
寅

巳壬 亥巳 申寅 寅申

戌
申馬
午

酉壬 未酉 子寅 戌子

壬干 貴旦卯夕巳 本日虎丁神固又長生才

合未 官未丑 奇酉 進神酉卯

退神辰戌 鬼戌 墓辰 刑亥

沖巳 羊刃子 飛刃午 魯都亥

寅支

六合亥 三合午戌 儀辰 鬼申

華蓋戌 納音金

鬼墓

生才

子
巳
戌

辰壬 酉辰 未寅 子未

子
亥祿
戌

戌壬 酉戌 丑寅 子丑

一旬周遍

未
亥祿
卯

卯壬 未卯 午寅 戌午

亥祿
寅
巳

亥壬 亥亥 寅寅 寅寅

上下合

辰
巳
午

子壬 丑子 卯寅 辰卯

斬関

辰
午
申馬

丑壬 卯丑 辰寅 午辰

沖破

申馬
亥祿
寅

寅壬 巳寅 巳寅 申巳

干支交会

大六壬尋原 卷二

大六壬尋原 卷二

行年在卯 為龍戰

青 卯 朱
月 戌 白
　 巳 蛇

申癸 卯申 戌卯 巳戌

中 卯 月
空 酉 蛇
中 卯 月

未癸 丑未 酉卯 卯酉

亥 午 宅
勾 亥 空
后 辰 貴

午癸 亥午 申卯 丑申

絕 月 酉 勾
朱 巳 丑 常

巳癸 酉巳 未卯 亥未

春占天獄

常 未 月
中 卯 朱
勾 亥 六

丁酉癸 巳酉 亥卯 未亥

癸干 貴旦巳夕卯 合巳 官辰戌 奇戌 進神卯酉 退神辰戌 鬼未 墓未 刑戌 冲未 羊刃丑 飛刃未 魯都寅 卯支 六合戌 三合亥未 儀卯 鬼酉 華蓋未 納音金

中 玄 酉 勾
　 玄 子 白
　 中 卯 月

辰癸 未辰 午卯 酉午

白 戌 白
月 未 月
　 辰 空

戌癸 未戌 子卯 酉子

夫 入冥

白 未 朱
常 酉 白
空 亥

卯癸 巳卯 巳卯 未巳

朱 丑 勾
空 亥 六
　 酉 常

亥癸 酉亥 丑卯 亥丑

月 丑 勾
玄 子 青
常 亥 六

子癸 亥子 寅卯 丑寅

月 丑 勾
白 戌 白
勾 未 月

丑癸 丑丑 卯卯 卯卯

宅 辰
朱 巳 蛇
六 午

寅癸 卯寅 辰卯 巳辰

獨求甘出禍格　明柄二奧格

寅　申　寅

申甲　寅申　戌辰　辰戌

秘占天獄

寅　未　子

未甲　子未　酉辰　寅酉

微服

申　子　辰

午甲　戌午　申辰　子申

放咬格

申　亥　寅

巳甲　申巳　未辰　戌未

午　丑　申

酉甲　辰酉　亥辰　午亥

甲干　貴旦未夕丑

合未　官酉　奇午　進神子午

退神丑未　鬼申　墓未　刑巳

冲申　羊刃卯　飛刃酉　魯都未

辰支

六合酉　三合申子　儀寅　鬼卯

華蓋辰　納音火

辰　午　申

辰甲　午辰　午辰　申午

戌　午　寅

戌甲　午戌　子辰　申子

辰　巳　午

卯甲　辰卯　巳辰　午巳

申　巳　寅

亥甲　申亥　丑辰　戌丑

戌　申　午

子甲　戌子　寅辰　子寅

重陰

子　亥　戌

丑甲　子丑　卯辰　寅卯

寅　巳　申

寅甲　寅寅　辰辰　辰辰

蛇酉（六）
青丑（后）
玄巳（白）

丑	酉	申	申
酉	巳	申	乙

微服格

蛇未（青）
月戌（朱）
白丑（后）

亥	申	戌	未
申	巳	未	乙

中申（青）
月戌（朱）
常子（中）

酉	未	申	午
未	巳	午	乙

蛇未白
中申
后酉玄

未	午	午	巳
午	巳	巳	乙

白蛇寅（月）
后未青
勾子中

卯	戌	寅	酉
戌	巳	酉	乙

乙干　貴旦申夕子
合申　官申　奇乙　進神子午
退神丑未　鬼酉　墓戌　刑辰
沖戌　羊刃辰　飛刃戌　魯都午
巳支
六合申　三合酉丑　儀丑　鬼亥
華蓋丑　納音火

白辰
后酉
常卯（六）

巳	巳	辰	辰
巳	巳	辰	乙

玄巳白
六亥蛇
玄巳白

巳	亥	辰	戌
亥	巳	戌	乙

常卯
寅朱
白丑蛇

卯	辰	寅	卯
辰	巳	卯	乙

月午
青丑
中申

未	子	午	亥
子	巳	亥	乙

蛇酉（玄）
玄巳（青）
青丑（蛇）

酉	丑	申	子
丑	巳	子	乙

青丑（蛇）
朱戌（月）
后未（白）

亥	寅	戌	丑
寅	巳	丑	乙

白丑蛇
玄亥后
后酉玄

丑	卯	子	寅
卯	巳	寅	乙

晝占天獄 交互六合

罔羅 日天禍

申 亥 寅

申丙 亥申 酉午 子酉

申 戌 子

未丙 酉未 申午 戌申

申 酉 戌

午丙 未午 未午 申未

巳 申 寅

巳丙 巳巳 午午 午午

酉 丑 巳

酉丙 丑酉 戌午 寅戌

丙干　貴旦酉夕亥

合戌　官子　奇辰　進神子午

退神丑未　鬼亥　墓戌　刑申

冲亥　羊刃午　飛刃子　魯都申

午支

六合未　三合寅戌　儀未　鬼子

華蓋戌　納音水

卯 寅 丑

辰丙 卯辰 巳午 辰巳

辰 酉 寅

戌丙 卯戌 亥午 辰亥

丑 亥 酉

卯丙 丑卯 辰午 寅辰

午 子 午

亥丙 巳亥 子午 午子

子 未 寅

子丙 未子 丑午 申丑

戌 午 寅

丑丙 酉丑 寅午 戌寅

子 午 酉

寅丙 亥寅 卯午 子卯

閉口

六申空
朱酉中
空戌后

申丁　酉申　申未　酉申

常未朱
朱丑常
后戌后

未丁　未未　未未　未未

八專

朱卯空
白午六
白午六

午丁　巳午　午未　巳午

八專

朱丑句
空巳常
空巳常

巳丁　卯巳　巳未　卯巳

朱酉中
中亥月
月丑常

酉丁　亥酉　酉未　亥酉

丁干　貴旦亥夕酉
合亥　官亥　奇卯　進神子午
退神丑未　鬼子　墓丑　刑丑
冲丑　羊刃未　飛刃丑　魯都亥
未支
六合午　三合亥卯　儀申　鬼卯
華蓋未　納音水

八專

青亥朱
青辰白
青辰白

辰丁　丑辰　辰未　丑辰

八專

中亥月
空戌后
空戌后

戌丁　丑戌　戌未　丑戌

朱卯空
中亥朱
常未月

卯丁　亥卯　卯未　亥卯

中亥月
常卯空
句未朱

亥丁　卯亥　亥未　卯亥

空巳常
空戌空
朱卯空

子丁　巳子　子未　巳子

八專

月巳常
月丑句
月丑句

丑丁　未丑　丑未　未丑

月酉中
青辰白
中亥朱

寅丁　酉寅　寅未　酉寅

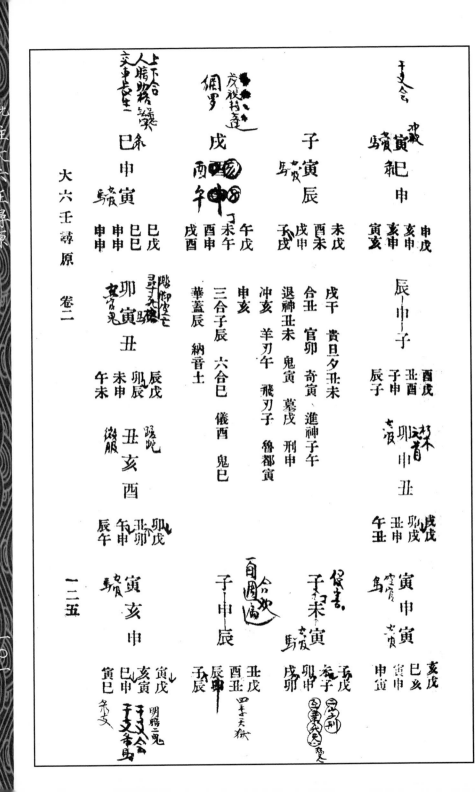

寅
巳
申

申戌 亥申 亥申 寅亥

子
寅
辰

未戌 酉未 戌申 子戌

戌
酉
午

午戌 未午 酉申 戌酉

巳
申
寅

巳戌 巳巳 申申 申申

辰
申
子

酉戌 丑酉 子申 辰子

戊干　貴旦夕丑未
合丑　官卯　奇寅　進神子午
退神丑未　鬼寅　墓戌　刑申
冲亥　羊刃午　飛刃子　魯都寅
申亥
三合子辰　六合巳　儀酉　鬼巳
華蓋辰　納音土

卯
寅
丑

辰戌 卯辰 未申 午未

卯
申
丑

戌戌 卯戌 丑申 午丑

丑
亥
酉

卯戌 丑卯 午申 辰午

寅
申
寅

亥戌 巳亥 寅申 申寅

子
未
寅

子戌 未子 卯申 戌卯

子
申
辰

丑戌 酉丑 辰申 子辰

寅
亥
申

寅戌 亥寅 巳申 寅巳

亥子丑
申己　酉申　戌酉　亥戌

酉未丑
未己　未未　酉酉　酉酉

戌寅申
午己　巳午　申酉　未申

卯丑亥
巳己　卯巳　未酉　巳未

丑卯巳
酉己　亥酉　亥酉　丑亥

巳干　貴旦子夕申
合寅　官寅　奇丑　進神卯酉
退神辰戌　鬼卯　墓丑　刑丑
冲丑　羊刃未　飛刃丑　魯都未
酉支
三合巳丑　六合辰　儀戌　鬼午
華蓋丑　納音土

午卯子
辰己　丑辰　午酉　卯午

卯午酉
戌己　丑戌　子酉　卯子

巳酉丑
卯己　亥卯　巳酉　丑巳

九醜
亥卯未
亥己　卯亥　丑酉　巳丑

未子巳
子己　巳子　寅酉　未寅

卯酉卯
丑己　未丑　卯酉　酉卯

亥午丑
寅己　酉寅　辰酉　亥辰

申 絕
寅 空
巳

申庚　申申　戌戌　戌戌

冬占天獄

午
巳
辰

未庚　午未　酉戌　申酉

枉作受人枚

午
辰
寅 空

午庚　辰午　申戌　午申

明暗鬼

巳
寅 空
亥

巳庚　寅巳　未戌　辰未

亥
子
丑

閉口
四五日天禍

酉庚　戌酉　亥戌　子亥

子
寅 空
辰

戌庚　子戌　子戌　寅子

本日見未是丁神因父母長上而見凶

庚干　貴旦丑夕未
合辰　官午　奇未　進神卯酉
退神辰戌　鬼巳　墓丑　刑寅
[illegible]寅　羊刃酉　飛刃辰　魯都子
戌支
六合卯　三合寅午　儀申　鬼寅
華蓋戌　納音金

子
申 絕
辰

辰庚　子辰　午戌　寅午

戌
巳
子

卯庚　戌卯　巳戌　子巳

寅 空
巳
申

亥庚　寅亥　丑戌　辰丑

辰
申 絕
子

子庚　辰子　寅戌　午寅

申 絕
丑
午

丑庚　午丑　卯戌　申卯

寅 空
申 絕
寅 空

寅庚　申寅　辰戌　戌辰

午 辰 寅

申	午	酉	未
辛	申	亥	酉

巳 寅 亥

未	辰	申	巳
辛	未	亥	申

未 卯 亥

午	寅	未	卯
辛	午	亥	未

午 丑 申

巳	子	午	丑
辛	巳	亥	午

戌 酉 申

酉	申	戌	酉
辛	酉	亥	戌

辛干 貴丑寅夕午

合巳 官巳 奇申 進神卯酉

退神辰戌 鬼午 墓辰 刑未

冲辰 羊刃戌 飛刃辰 魯都申

亥支

六合寅 三合卯未 儀未 鬼丑未

華蓋未 納音金

巳 亥 寅

辰	戌	巳	亥
辛	辰	亥	巳

亥 戌 未

戌	戌	亥	亥
辛	戌	亥	亥

卯 申 丑

卯	申	辰	酉
辛	卯	亥	辰

丑 寅 卯

亥	子	子	丑
辛	亥	亥	子

丑 卯 巳

子	寅	丑	卯
辛	子	亥	丑

巳 申 亥

丑	辰	寅	巳
辛	丑	亥	寅

未 亥 卯

寅	午	卯	未
辛	寅	亥	卯

午
卯
子

申壬　巳申　酉子　午酉

丁未
卯
亥

未壬　卯未　申子　辰申

午
丑
申

午壬　丑午　未子　寅未

午
子
午

巳壬　亥巳　午子　子午

戌
申
午

酉壬　未酉　戌子　申戌

戌
酉
申

戌壬　酉戌　亥子　戌亥

亥
子
卯

亥壬　亥亥　子子　子子

壬干　貴旦卯夕巳
合未　官未丑　奇寅　進神卯酉
退神辰戌鬼戌　墓辰　刑亥
冲巳　羊刃子　飛刃午　魯都亥

子支
六合丑　三合申辰　儀酉　鬼辰戌
華蓋辰　納音木

巳
戌
卯

辰壬　酉辰　巳子　戌巳

丁未
亥
卯

卯壬　未卯　辰子　申辰

寅
卯
辰

子壬　丑子　丑子　寅丑

辰
午
申

丑壬　卯丑　寅子　辰寅

午
酉
子

寅壬　巳寅　卯子　午卯

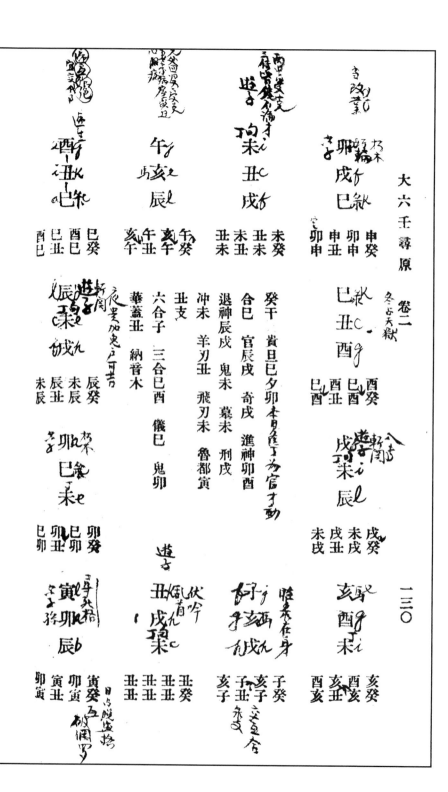

卯
戌
巳

申癸
卯申
申丑
卯申

未
丑
戌

未癸
丑未
未丑
丑未

午
亥
辰

午癸
亥午
午丑
亥午

酉
丑
巳

巳癸
酉巳
巳丑
酉巳

巳
丑
酉

酉癸
巳酉
酉丑
巳酉

癸干　貴旦巳夕卯
合巳　官辰戌　奇戌　進神卯酉
退神辰戌　鬼未　墓未　刑戌
冲未　羊刃丑　飛刃未　魯都寅
丑支
六合子　三合巳酉　儀巳　鬼卯
華蓋丑　納音木

辰
未
戌

辰癸
未辰
辰丑
未辰

戌
未
辰

戌癸
未戌
戌丑
未戌

卯
巳
未

卯癸
巳卯
卯丑
巳卯

亥
酉
未

亥癸
酉亥
亥丑
酉亥

子
亥
戌

子癸
亥子
子丑
亥子

丑
戌
未

丑癸
丑丑
丑丑
丑丑

寅
卯
辰

寅癸
卯寅
寅丑
卯寅

大六壬尋原　卷二

申甲　寅申　申寅　寅申

寅
申
寅

酉甲　辰酉　酉寅　辰酉

酉
辰
亥

戌甲　午戌　戌寅　午戌

戌
午
寅

亥甲　申亥　亥寅　申亥

丑
亥
亥

未甲　子未　未寅　子未

子
巳
戌

甲干　貴旦未夕丑
合未　官酉　奇午　進神子午
退神丑未　鬼申　墓未　刑巳
冲申　羊刃卯　飛刃酉　魯都未
寅支
六合亥　三合午戌　儀辰　鬼申
華蓋戌　納音水

子甲　戌子　子寅　戌子

戌
申
午

午甲　戌午　午寅　戌午

申
午
午

丑甲　子丑　丑寅　子丑

子
亥
戌

巳甲　申巳　巳寅　申巳

申
亥
寅

辰甲　午辰　辰寅　午辰

辰
午
申

卯甲　辰卯　卯寅　辰卯

辰
巳
午

寅甲　寅寅　寅寅　寅寅

寅
巳
申

大六壬尋原

求才出禍格

未 青 丁才
亥 它 六
卯 后 白

申乙
子申
未卯
亥未

春酉將好斗像丑未 為二煩 外物內差

徵服 三交 安文

酉
子
卯

未乙
戌未
午卯
酉午

雨生之安之 涉害

申 蛇 中
戌 朱 月
子 申 散文

午乙
申午
巳卯
未巳

網罟

斬関 龍戰

辰
巳
午

巳乙
午巳
辰卯
巳辰

明暗二鬼 蓦注 家宅不正格 鬼入獄

閉口

寅 月 白
未 青 后
子 申 安文

酉乙
寅酉
申卯
丑申

乙干 貴旦申夕子
合申 官申 奇巳 進神子午
退神丑未 鬼酉 墓戌 刑辰
冲戌 羊刃辰 飛刃戌 魯都午
卯亥
六合戌 三合亥未 儀卯 鬼酉
華蓋未 納音水

斬関

辰
卯
子 安文

辰乙
辰辰
卯卯
卯卯

交互六合 行年在卯為龍戰

卯 玄 白
酉 它
卯 玄 白

戌乙
辰戌
酉卯
卯酉

三九月占 遊子

天乘天格

丑 辛才
子 安文
亥

卯乙
寅卯
寅卯
丑寅

鬼墓三

戊 午 空亡 后 月
己 丑 妻才
子 申 納 中

亥乙
午亥
戌卯
巳戌

未 后
卯 白
亥 六

子乙
申子
亥卯
未亥

丑 它 精
戌 月
未 后

丑乙
戌丑
子卯
酉子

外物內差

丑 九醜 辛才
亥
酉

寅乙
子寅
丑卯
亥丑

夏占天獄

申 宅
亥 月
寅 馬

戌未亥申
未辰申丙

申 宅
戌 后
子

申午酉未
午辰未丙

四立日天禍

亥
午
午

午巳未午
巳辰午丙

巳
申 宅
寅 白馬

辰辰巳巳
辰辰巳丙

交互六合

酉
丑
巳

子申丑酉
申辰酉丙

丙干 貴旦酉夕亥 進神壬午
合戌 官子 奇辰 刑申
退神丑未 鬼亥 墓戌 魯都申
冲亥 羊刃午 飛刃子

辰支
六合酉 三合子申 儀寅 鬼寅
華蓋辰 納音土

卯
寅
丑

寅卯卯辰
卯辰辰丙

寅
未
子

寅酉卯戌
酉辰戌丙

丑
亥
酉

子寅丑卯
寅辰卯丙

巳
亥
巳

辰戌巳亥
戌辰亥丙

明暗二鬼

午
丑
卯

午亥未子
亥辰子丙

子
申
辰

申子酉丑
子辰丑丙

亥
申
巳

戌丑亥寅
丑辰寅丙

閉口

大六壬尋原 卷二

申丁 酉申 午巳 未午

申
酉
戌

未丁 未未 巳巳 巳巳

伏吟

巳
申
寅

午丁 巳午 辰巳 卯辰

卯
寅
丑

巳丁 卯巳 卯巳 丑卯

丑
亥
酉

酉丁 亥酉 未巳 酉未

酉
亥
丑

丁干 貴旦夕酉
合亥 官亥 奇卯 進神子午
退神丑未 鬼子 墓丑 刑丑
冲丑 羊刃未 飛刃丑 魯都亥

巳支
六合申 三合酉丑 儀丑 鬼亥
華蓋丑 納音土

辰丁 丑辰 寅巳 亥寅

亥
申
巳

戌丁 丑戌 申巳 亥申

申
亥
寅

卯丁 亥卯 丑巳 酉丑

亥
未
卯

亥丁 卯亥 酉巳 丑酉

酉
丑
巳

子丁 巳子 戌巳 卯戌

巳
戌
卯

丑丁 未丑 亥巳 巳亥

巳
亥
巳

寅丁 酉寅 子巳 未子

酉
辰
亥

春酉將如是條
丑未為二煩
參差不利

酉
子
卯

申戌　亥申　酉午　子酉

寅
午
戌

酉戌　丑酉　戌午　寅戌

辰
酉
寅

戌戌　卯戌　亥午　辰亥

午
子
午

亥戌　巳亥　子午　午子

六合　五六合

申
戌
子

未戌　酉未　申午　戌申

九醜

子
未
寅

子戌　未子　丑午　申丑

戊干　貴旦丑夕未
合丑　官卯　奇寅　進神子午
退神丑未　鬼寅　墓戌　刑申
冲亥　羊刃午　飛刃子　魯都寅
午支
六合未　三合寅戌　儀未　鬼子
華蓋戌　納音火

閉口
日辰都近

別責

寅
午
午

午戌　未午　未午　申未

戌
午
寅

丑戌　酉丑　寅午　戌寅

春三

人將助格

巳
申
寅

巳戌　巳巳　午午　午午

卯
寅
丑

辰戌　卯辰　巳午　辰巳

九醜
陰陽
微服

丑
亥
酉

卯戌　丑卯　辰午　寅辰

寅
亥
申

寅戌　亥寅　卯午　子卯

明暗二

八專

未
申
申

酉申酉申
申未申己

未
丑
戌

未未未未
未未未己

八專　帷薄不修

卯
午
午

巳午巳午
午未午己

八專　帷薄不修

丑
巳
巳

卯巳卯巳
巳未巳己

獨足

酉
酉
酉

亥酉亥酉
酉未酉己

己干　貴旦子夕申
合寅　官寅　奇丑　進神卯酉
退神辰戌　鬼卯　墓丑　刑丑
冲丑　羊刃未　飛刃丑　魯都未
未支
六合午　三合亥卯　儀申　鬼卯
華蓋未　納音火

八專　帷薄不修

亥
辰
辰

丑辰丑辰
辰未辰己

八專

亥
戌
戌

丑戌丑戌
戌未戌己

卯
亥
未

亥卯亥卯
卯未卯己

亥
卯
未

卯亥卯亥
亥未亥己

巳
戌
卯

巳子巳子
子未子己

人將助格

巳
丑
丑

未丑未丑
丑未丑己

酉
辰
亥

酉寅酉寅
寅未寅己

申
寅
巳

申庚　申申　申申　申申

酉
未
未

未庚　午未　未申　午未

午
辰
寅

午庚　辰午　午申　辰午

巳
寅
亥

巳庚　寅巳　巳申　寅巳

亥
酉
酉

酉庚　戌酉　酉申　戌酉

子
寅
辰

戌庚　子戌　戌申　子戌

丑
亥
亥

亥庚　寅亥　亥申　寅亥

庚干　貴丑未
合辰　官午　奇未　進神卯酉
退神辰戌　鬼巳　墓丑　刑寅
冲寅　羊刃酉　飛刃卯　魯都午
申支
六合巳　三合子辰　儀酉　鬼卯
華蓋辰　納音木

辰
申
子

子庚　辰子　子申　辰子

卯
丑
丑

丑庚　午丑　丑申　午丑

子
申
辰

辰庚　子辰　辰申　子辰

戌
巳
子

卯庚　戌卯　卯申　戌卯

寅
申
寅

寅庚　申寅　寅申　申寅

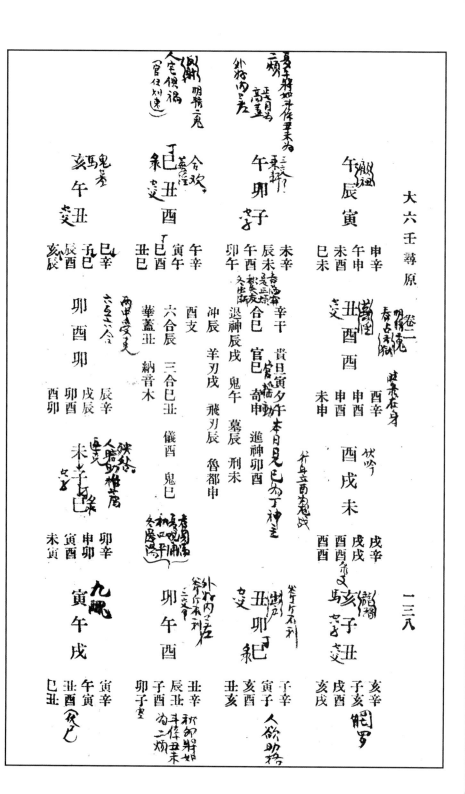

大六壬尋原　卷二

午
辰
寅

申辛　午申　未酉　巳未

午
卯
子

未辛　辰未　午酉　卯午

巳
丑
酉

午辛　寅午　巳酉　丑巳

亥
午
丑

巳辛　子巳　辰酉　亥辰

丑
酉
酉

酉辛　申酉　申酉　未申

辛干　貴旦寅夕午　合巳　官巳　奇申　進神卯酉
退神辰戌　鬼午　墓辰　刑未
沖辰　羊刃戌　飛刃辰　魯都申
酉支　六合辰　三合巳丑　儀酉　鬼巳
華蓋丑　納音木

卯
酉
卯

辰辛　戌辰　卯酉　酉卯

酉
戌
未

戌辛　戌戌　酉酉　酉酉

未
子
巳

卯辛　申卯　寅酉　未寅

亥
子
丑

亥辛　子亥　戌酉　亥戌

丑
卯
巳

子辛　寅子　亥酉　丑亥

卯
午
酉

丑辛　辰丑　子酉　卯子

寅
午
戌

寅辛　午寅　丑酉　巳丑

春元首（福勤終吉）
夏洪德（中正不偏）
秋合離（大中至有）
冬待慶（[illegible]）
元首　玄胎

巳
寅
亥

申壬　巳申　未戌　辰未
辰未

明暗二鬼
春旺天獄
涉害
曲直 王陽遇發生之意

未
卯
亥

未壬　卯未　午戌　寅午

鬼墓
三傳遞生干
夾支

午
丑
申

午壬　丑午　巳戌　子巳

返吟（[illegible]）

巳
亥
巳

巳壬　亥巳　辰戌　戌辰

勵祖（[illegible]和平）

午
辰
寅

酉壬　未酉　申戌　午申

壬干　貴旦卯夕巳　本日貴遁丁神為喜有動
合未　官未丑　奇酉　進神酉卯
退神辰戌　鬼戌　墓辰　刑亥
沖巳　羊刃子　飛刃午　魯都亥
戌支　六合卯　三合寅午　儀亥　鬼寅
華蓋戌　納音水

乱首　元首　斬關　返駕（[illegible]）
侵害　魄化

戌
酉
申

戌壬　酉戌　酉戌　申酉

斬關　度厄

辰
酉
寅

辰壬　酉辰　卯戌　申卯

曲直　從吉　六合

未
亥
卯

卯壬　未卯　寅戌　午寅

伏吟

亥
戌
未

亥壬　亥亥　戌戌　戌戌

乱首　順茹　龍潛

亥
子
丑

子壬　丑子　亥戌　子亥

四音天禍

順間　向三陽　見機

子
寅
辰

丑壬　卯丑　子戌　寅子

稼穡

辰
未
戌

寅壬　巳寅　丑戌　辰丑

冲破

大六壬尋原　卷二

知一
卯
戌
巳 丁 驛

申癸
卯申
午亥
丑午

返吟
巳 丁 驛
亥
巳

未癸
丑未
巳亥
亥巳

知一
午
亥
辰

午癸
亥午
辰亥
酉辰

引從
度厄
酉
丑
巳 丁 驛

巳癸
酉巳
卯亥
未卯

度厄
春占天獄
未
卯
亥

酉癸
巳酉
未亥
卯未

癸干　貴旦巳夕卯
合巳　官辰戌　奇戌　進神卯酉
退神辰戌　鬼丑未　墓未　刑申
冲未　羊刃丑　飛刃未　魯都寅

亥支
六合寅　三合卯未　儀子　鬼丑未
華蓋未　納音水

斬關
元首
辰
未
戌

辰癸
未辰
寅亥
巳寅

知一
巳 丁 驛
寅
亥

戌癸
未戌
申亥
巳申

丑
卯
巳 丁 驛

卯癸
巳卯
丑亥
卯丑

別責
未
巳 驛
卯

亥癸
酉亥
酉亥
未酉

斬關
元首
返駕
戌
酉
申

子癸
亥子
戌亥
酉戌

元首
伏吟
丑
戌
未

丑癸
丑丑
亥亥
亥亥

三九月占

元首
丑
寅
卯

寅癸
卯寅
子亥
丑子

大六壬尋原卷三

晴雨

吉凶神煞

陽煞　陰煞　風伯　雨師　雷煞　雨煞　八妖　力焦　月空　月鬼　天火

地火　火神　火怪　光怪　生氣　元武　刧煞　災煞　月煞　火鬼　風煞

天燭　太陰

晴朗煞

占法

久晴則欲雨。久雨則欲晴。而天道不可測也。於是晴雨之占有焉。占之何如。亦曰稽之類神。准之課傳。以火神所臨之辰爲晴期。以水神所臨之辰爲雨期而已。

何謂稽之類神

干

支

子爲雲爲江湖水神。丑爲雨師。寅爲風伯。卯爲雷震。辰爲霧。巳爲虹霓。午爲電母爲晴。未爲風伯。申爲水母。酉爲陰。戌爲雲。亥爲雨水天河之類是也。

天乙爲陰。螣蛇爲電。朱雀爲行火招風之神。六合爲雨師。勾陳爲興雲之神。青龍爲甘雨之師。天空爲塵霧。白虎爲震爲雷爲電爲凍爲大風。太常爲養物之雨淑氣之風。元武爲苦雨之神。太陰爲霜雪爲冰凍。天后爲陰爲霧爲霖爲雨之類是也。

何謂准之課傳

炎上主晴而値空亡者反雨。潤下主雨而値空亡者反晴。曲直主風而空亡則朽矣木朽則火焚主無風而晴。稼穡主陰而空亡則崩矣土崩則金現主不陰而風。金屈類也從革主雨而空亡則鳴矣金鳴則不化主不雨而風日上神屬火而貴人又火則主晴。若日克日上神。反雨。如日上神是午。又乘朱。雀主晴也。若日爲亥。則水能克火。反雨。制水反主晴矣。伏吟無丁馬則晴雨照舊反吟不遇空亡。則晴雨變易。　三傳午戌傳寅則晴。若寅午傳戌則不晴。寅為火長生。戌為火墓也。三傳自子辰傳申則雨。若子申傳辰則無雨。申為水長生。辰為水墓也。三傳火上水下是為未濟主晴。　三傳水上火下是為既濟主雨。　三傳屬火而貴人或火或土主大晴而且熱。　三傳屬水而貴人或水或金主大雨而且霾。音埋。大風揚塵。霾土從上下也。三傳皆土主晴。三傳皆金主雨。日克傳主晴。　傳克日主雨。　三傳水神空主晴。　三傳火神空主雨。三傳之內。有水火神見。而落空亡者。初傳巳午乘雀蛇主晴。　初傳亥子乘元陰主雨。　課傳純陽主晴。　課傳純陰主雨之類是也。

何謂以火神所臨之辰為晴期

蓋久雨欲晴。而課傳有晴占矣。乃視巳午所臨之辰。而知其何日晴也。巳午加子。則子日晴之類。其久暫當視火神旺相休囚。

何謂以水神所臨之辰為雨期

蓋久晴欲雨。而課傳有雨占矣。乃視亥子所臨之辰。而知其何日雨也。亥子加午則午日為雨之類其多寡當視水神旺相休囚。

若三傳俱陽。又在天乙前。而水神不見。青龍不入傳者。雖久晴而無雨期。名曰旱矣。三傳俱陰。又在天乙後。而火神不見。朱雀不傳者。雖久雨而無晴期。名曰滂矣。　大概蛇雀勾空與火神得地而不受制者爲晴。　龍虎陰合與水神作用而更刑冲者爲雨。此晴雨之正占也。　若專責龍虎則失之偏。　專視魁罡則失之小。一說魁罡加孟晴。加仲陰。加季晴。雀飛龍躍者晴。雀在上。龍在下。龍升雀伏者雨。龍在上。雀在下。則失之巧。　元武乘亥者雨。朱雀乘午者風。謂穴居知雨。元乘亥八穴。是雨徵。巢居知風。雀乘午巢居。是風徵。則失之奇。　他說尙煩。皆所不取。至於早晴而晚雨者。發用火土。而末傳青龍乘水神也。早雨而晚晴者。發用金水。而末傳天空乘土神也。　日出而不晴者。發用朱雀乘午。而卽爲下神所克。與中末傳克之也。　雲簇而不雨者。發用天后乘子。而卽爲下神所克。與中末傳克之也。　風雲雨大作者。寅申龍虎互乘。而子丑亥相加也。　雷雹雨大作者。丑午雀合並現。而子卯亥相加也。類神偏勝。則有其一。而无其一。如卯多則雷震而不雨。子多則雲盛而不雨類。類神交幷。則欲乎此而得乎此。如欲晴而巳午蛇雀交拜。欲雨而亥子龍后交拜也。此晴雨之附占也。

白虎乘申酉者雪占也。而陰勾虎拜則霰視三傳也。子加辰蛇則微。太陰寅拜則厚。視發用也。寅申臨日辰者風占也。而太常乘木則和。亦視初傳。虎乘寅卯與申未旺相則大。虎乘天罡與八妖克日則怪。申酉旺相而子巳相加者霜占也。子酉乘亢而火多水少者水占也。從革或申酉用乘陰者寒凍占也。水少火土勝申乘虎者雨雹占也。更有亥子乘元后而被下神克者陰占也。用土乘六合而土上火下者霧占也。總此皆占晴雨而推類者所當知也。

然亦有歲占何月雨者。月將加太歲而以亥子辰所臨之月爲雨月也。月占何日雨者。月將加時。而以亥子辰所臨之日爲雨日也。今日占明日晴雨者。月將加時而視明日支上之神是也。支上屬火。乘火神晴。屬水乘水神雨之類。例而求之時刻可定晴雨之占無餘蘊矣。

占婚姻

所宜吉神

天德　月德　德合　六合　三合　喜神　無翹　五富　玉宇　金堂　聖心

益後　續世　陽德　歲德　吉期　成神　會神　天喜　生炁　天恩

所忌凶神

劫煞　災煞　大煞　謾語　死氣　死神　桃花　歸忌　月空　月煞　大時

大敗　五虛　天獄　厭對　游禍　孤神　寡宿　奸門　奸淫　邪神　奸神

占法

婚姻所係重矣而男女朱必其何如也成否未必其何如也於是有男女之占有成否之占然婚姻之求也必先於男故擇婦之占尤當詳之

何謂男女之占

青龍男也夫也天后女也妻也日陽也男也支陰也女也如青龍旺相則男為佳兒天后旺相則女為佳婦青龍之陽神上乘天乙則男為貴客如申將卯時庚申日占青龍乘申而龍之陽乃申也庚日

丑是貴人。是龍化貴矣。天后之陰神上乘太常則女爲貴。如申將巳時。丁酉日占。后乘子。后之陰神。乃卯子也。卯乘常。爲后化常矣。靑龍所乘之神生后或與后比和。則男益乎女。天后所乘之神生龍或與龍比和則女助乎男。此以龍后而占男女之何如也。如課傳中見此例卽眞。如男家擇女而見后。或女家擇男而見龍。亦用此例。日上神旺相則男吉。辰上神旺相則女吉。日上神乘天乙則男貴。辰上神乘太常則女貴。日上神生辰上神或比和。則男女相得。辰上神生日上神。或比和則女與男相得。日之陰神旺相則男家富。辰之陰神旺相則女家富。此以日辰而占男女之何如也。若夫龍后所乘之神。刑冲克害而不相合。或落空亡而見孤寡日辰上之神刑冲破害。而不相合。或落空亡而乘惡神。兼之龍所乘神克后與日上神克辰者則爲妨婦之男。后所乘之神克龍。與辰上神克日者。則爲損夫之婦。皆所不當議者。

何謂成否之占

日上辰上神比和。而三傳三合申子辰類六合子與丑合之類德合甲德在寅發用亥類暗合巳日發用寅類者。龍后所乘之神。與日上辰上之神而無刑冲破害者。男占重辰上。女占重日上也。六合所乘之日與龍后

婚姻

所乘之神比和而無刑冲破害者。合。媒也。男占重后。女占重龍也。發用龍合乘卯寅者。發用子加丑乘太常者。三傳比和相生乘吉將而非空亡刑害者。初男末女中媒。欲其比和相生也。三傳成神喜神並見。又乘龍合常后者。課傳俱吉而斗罡加仲加季者。天后神后入傳與日支干為三合六合者。或日克合或辰克合。以六合所乘論。日克合則男着緊。辰克合則女着緊。皆婚姻成就之占也。而成就之期則遠者男以龍之陰神為成。女以后之陰神為成年也。近者視龍后之陰神而定其月。又近者則視龍后之陰神而定其日也。至於出嫁之日則大吉所臨之辰是其期矣。

若日上辰上刑冲破害而不相合者。龍后六合所乘之神與辰日刑冲破害者。干支上下之辰相克。或日上神克支上神。支上神克日上神者。三傳相刑而白虎發用者。天空空亡發用者。日干克天后或天后克日干者。以天后所乘神論。蓋日克后。女不肯。后克日。男不肯。日生三傳后合不見者。男女行年上神刑冲破害相克者。課傳不甚吉而斗罡加孟者。男家占而日財空亡。女家占而日官空亡者。男以日財為妻。女以日官為夫。皆婚姻不成之占也。

何謂詳於擇婦

第一當占女之邪正如四課俱全辰上神旺相三傳吉辰良將者正四課陰不備傳見六合乘亥卯未酉與天罡乘太陰者邪女子命上神爲日之官乘天乙太常與日德支德者正女子命上神爲神后元陰與桃花煞者邪

第二當占女之情性如女子命上神屬水則智慧若乘惡神或下克則詭譎輕浮屬火則亢直若乘惡神或下克則好殺貪慾屬土則持重若乘惡神或下克則愚頑自用若不知女子年命者則以天后所臨地盤之辰照前例推之

第三當占女之妍醜如四課支上神乘貴則貴重美好乘蛇有病面多紅色乘雀有目疾如雀在巳午能文在亥子麻面在寅卯申髮少在四季則雀子斑乘六合姣好乘勾粗短乘龍美而青瘦乘空肥而醜乘虎醜而惡乘常好而能飲乘元黑而短乘陰后俱美好如支上神爲支之六害必有殘疾面目四肢以類神決之如亥爲頭戌爲足之類而大概知其妍者天后神后入課而旺相也大概知其醜者發用子加巳或加四季與女子命上神見魁罡也

第四當占女子有子與否以太乙加女之本命而生日上神爲陽則主有子生月下神

爲陰則主無子六合與命相生者有子六合與命相克者無子三傳爲日之傷食者有子三傳爲日之父母者無子子臨命上則先女而後男午臨命上則先男而後女也

第五當占女之入門吉凶以月將加婦入門之正時視天后所乘之神傷日之本則公婆病（本即日之印如甲日水是本本乘土則傷）傷青龍則夫殘傷六合則男女少傷六畜之本則六畜殃（如酉雞亥猪之類蠶亦從午貓亦從寅之類）傷財則財退此而相生則隨其類而得其助矣

他如日上神乘天后支上神乘六合是未娶而先通也傳課循環六合三合是因親而致親也日臨辰上男就女家也辰臨日上女就男家也子加申酉加寅男有二婦申加子寅加戌則女有二夫巳亥相加發用主兩心不定六合乘神克后主强横奪妻

課體所喜三光六儀元胎三陽連茹高蓋

課體所忌狡童泆女無淫八專孤寡絕嗣亦當消息而神明焉

更有三四女子之當求未知何女爲勝以月將加時而據女子所住之處視天后所乘之神（如女子居西北屬亥亥水也天后所乘之神與申則宜否則不宜）　更有聞媒人之議合而未必其言之虛實則月

將加時而據六合所臨之神以孟仲季觀之臨孟實臨仲半虛臨季全虛婚姻之占備

占胎產

母一天后一文　子一六合一干

干一婦　支一孕

所宜吉神

天德　月德　德合　驛馬　喜神　普護　聖心　天願、續世　益後　歲德

生氣　龍德　天喜　六合　天恩　解神　胎神

所忌凶神

月厭　血忌　血支　浴盆　死神　死氣　三煞　昏迷　產煞　病符　白虎

女災　喪門　弔客　死符　哭忌　大煞　小煞　大禍　憂神　哭神　兒煞

占法

胎產之占始焉占其孕之有無。既焉占其孕之男女。又既焉占其孕之生期與生之吉凶而已。

何以占其孕之有無

如四課日辰上神相合三傳旺相而發用爲今日之子息者虎后合入傳課而加干支者發用辰戌乘武后與血忌乘六合或蛇乘生氣者發用子加丑乘虎者夫婦年上神爲三合六合德合（如巳與申合）更値天月二德與生氣者二人行年上神見今日之子息而無上下空亡六害者太乙臨婦人之行年而乘六合者則孕主有　四課日辰上神刑沖三傳休囚空亡而子息不見者課名四絕無祿絕嗣三傳丑亥酉者夫婦行年上神相刑害乘惡煞而子息不見者（外自息見則懷胎而害母）則孕主無　若發用寅未相加乘蛇虎作日鬼或天鬼臨支克日者孕雖有而爲鬼也若天后乘天罡加日辰與子息爻乘元武天空或三傳克日傳見天日煞者孕雖有而終墮也　子息爻乘死氣空亡與元胎課乘元虎蛇者孕必死巳亥日返吟與子息又乘蛇勾而非空亡六害者孕易動此皆孕有無之附占也

何以占其孕之男女

男女之占其法甚多以理推之悉皆虛謬惟以孕婦行年上神決之斯爲的確年上神是陽則孕男（子午寅辰申戌）年上神是陰則孕女（丑未卯酉巳亥）如視課傳上有二說課傳四上克下者男（郎范蠡所起）課傳四下賊上者女課傳六陰者男（陰極陽生）課傳六陽者女（陽極陰生）明白簡易莫過於此

如貴合龍常課傳並見者三傳生日者日辰上下相生旺相又得良將吉神者太歲與日辰入傳相生者青龍加正時發用者則男女賢淑　空勾元虎課傳並見者日生三傳者日辰上下刑冲破害又得惡將凶神者太歲與日辰不入傳或入傳而相刑者白虎加正時發用者則男女不肖　其或日上神吉則男必佳辰上神吉則女必正此皆孕男女之附占也

何以占其孕之生期

如干上神脫支上神或三傳脫支者三傳逢大煞空亡及傳退者（如戌亥子之類）發用子加戌又作血支血忌者傳內白虎乘子息爻者日神入傳而辰脫日者（如丁酉日酉未在三傳之類）伏吟　天

問產

產知所

空乘日日生三傳者青龍乘酉爲產門而逢沖動者。如卯酉相沖酉相刑之類則生期速而易。干上神合支上神或三傳合支者三傳逢三合六合及傳退者如亥子丑之類發用血支血忌沖動浴盆煞而無水者勾陳乘子息爻者日入傳而辰合日者課傳循環而不見刑沖空脫者則生期緩而難。

產期

月期則以發用之三合爲定期。如用辰亥。則卯未之三合爲生之月日期則以發用之刑沖爲定期。如用辰子、則刑卯沖午。主卯午日生。時辰則以用後之一辰爲定。則亥時是也。如用神是子。

若天空白虎乘日干之脫神發用與今日辰脫今日干作大煞一無羈絆者。不見合則無絆則主當日生其生時則以今日之長生定。若甲在亥之類。若以勝光天罡之法執一求之鮮不悞

產難

至於日辰上神各旺相相生乘吉神者。如龍合貴常日辰上神不相克害者。三傳六合傳青龍者。辰生日辰生三傳或三傳遞生而不乘惡神者。婦人行年上神旺相末吉神而干上神亦吉者。皆以吉斷者也。

或午上神克支上神者。或六合所乘之神克后神者。或墓神覆支而不見刑沖者。或三

吉助東海探珠。惡無氣而招凶。損坎離交泰。財富優足。震兌投合。權位高尊。海雲雙秀。帶未爲傷其秀氣。林火揚光。凶將亦損其光明。金含北極吉集。富貴還須入手。火明西獄凶散。功名到底有成。周天守躔。命居本宮而不動伏吟。任信吉扶其身亦爲亨。總之課體全吉。要詳吉中藏破。月傳枯冷。當審寒谷回春。雖造化之理。有反覆之不齊。而推測之道。在後哲之變通。

課命總要

六壬之奧。豈易測哉。自成帙以來。彌處不著。靡事不占。且天時人事。無一事不在其範圍。更無一時不分其吉凶。而以之定命。實有難出乎其數者。在得之精與不精耳。其法取本人之生月合神。合神卽太陽星也。加於本人生時上而運式之。以本人生日立其四課。就四課取出三傳。又以大衍之數。立其大運。以男從丙。女從壬。三陽三陰之我立其小運。就課傳酌其身命合之大小運限。便知爲何格局。而人之或主貴。或主富。或主貧賤。或主夭壽。便洞乎胸中。了然紙上。經曰。天門地戶好消息。人門鬼路識高低。此之謂也。然生尅制化藏功用。旺相休囚悟玄機。德合鬼墓。觀乎有損有益。刑冲破敗。識其可去可留。定人於二十四格之中。識人於二十六局之內。娵訾鶉尾。許其文人烈士。實沈。析木藏乎將相勳臣。夫文人烈士之內。亦有村夫俗子。而勳臣將相之中。亦有餓殍庸夫。故謂識其變通者此也。蓋生人之干者。其身係焉。生人之支者。其宅其妻其子孫係焉。宜詳其旺相生合。有德祿比助爲利益。破害刑冲休囚無氣爲損。休然於支干固爲體。要而傳用亦所關情。蓋三傳乃決人少壯老之三限也。初吉少年優中凶壯年愁。老來看末傳。榮枯立可搜。是支干四課定其根基。而發用三傳決乎際遇矣。又以三合論其大運。以五六合論其小運。人身命坐何宮。又身命之上下矣。完之則成敗之期判於紙上矣。如某大運吉。再以小限冲合決之。便知何年得吉。如某大運凶。亦以小運冲合決之。便知某年得凶。然又以小逆數正二等月令。看其某月得吉。某月得凶。就月令運限。驗之身命。便知其禍福吉凶。擬於何年何月見也。總之壬道精微。惟在細心研究。變通以求之。故聖人曰。神而明之。存乎其人。

論命秘要

凡論人富貴貧賤壽夭。只看身命。更以干支用神相生和合則命吉。如尅害則命凶也。如身命旺相。遇吉神良將生扶合助。而不來刑冲尅害者。必主其人有富貴福壽。若休囚無氣。更遇凶神惡將尅制。必主其人非夭即貧。無造化人也。大忌身命空亡。及入墓。蓋空亡只主一身作事無成。多謀少遂。難立家計。入墓則主一世昏晦。不明行藏動靜。必不亨快。又嫌身命柔弱無助。蓋無氣遇扶。必因人㧞立。如更遇刑冲尅害。則官府欺凌。小人謗毀。若有氣無助。必獨立撐持。如更遇生扶合助。則貴人提携。又要財福旺相得地。如財無氣。又臨死墓絕空。而日干又被凶神惡將冲尅。無吉神將救助。此乃至下之命。如子無氣。又臨死墓絕空。而日又被凶神惡將尅制。無吉神將救助。亦為至下之命。蓋子妻空。不為黃冠緇衣之僧道。則為乞丐之貧人。又安求其增益也。大抵課命旺不如爻象旺。得課象旺。可許其根基壯實。更得爻旺。乘吉臨得力之地。扶助身命。乃為十全造化。蓋人之根基。係於課。人之際遇。係於爻。故課命無氣。根基淺薄。爻象得地。際遇興隆。細看三傳吉凶。其榮枯實決於此。夫初傳爲始。若財旺乘龍臨吉地。早年身必富貴。子旺興貴同傳。初年子定軒昂。六合太常臨財。爲作經商買賣興家。太陰天后見妻財。主婚姻早娶。白虎乘鬼發用。初歲多災。驛馬同虎鬼入傳。必定傷災。有患金被火制。筋骨痨病。火遭水尅。眼目昏朦。土來制水。蠱疾多殃。初得吉神臨於生旺。初景清高富貴。若遇凶神惡煞。初年積害多災。父爻多興。初年勞困。兄弟多動。早歲貧寒。中傳財馬。中年立業興家。子乘青龍並立。金玉滿堂。餘慶雀蛇乘旺臨鬼。中年多遭非禍。勾空帶煞。詞訟有傷。年命日辰有二德皇書恩赦救解。未見吉神。一路春風。若遇凶煞無制。老來孤困極窮。又如初傳德合。末傳尅害。卽幼年發福。末年貧寒。或初傳刑傷。末傳生比。卽主幼年貧困。老境亨通也。又看十二宮生扶合助日干本命。卽主其宮諸事順利發達。如官祿官得二馬。或儀奇皇恩等吉。及龍常貴朱等將與本命日干不相沖尅。主得美官。如見已上諸吉。倘居囚死之地。則主得微官。尤要日上與命上俱吉。方許得名位。如已上諸吉。只見生合。但許游泮而已。如生得旺。稍得幇補。或貢監不能大貴也。又如財帛宮得吉神良將。與命宮無刑沖破害等。與干相生合。卽主財帛富厚。產業興隆。如兄弟宮得吉神良將。與命干無刑沖破害等。卽主兄弟富貴和睦。如田宅宮得良神吉將。與命宮無刑沖尅害等。則田宅增盛利益也。其奴僕男女妻子等宮。皆依此推之。若看大運流年月令高低。看某運某流年某月令。與日干生旺比和德合。更有吉神良將。卽主某運某年某月內有進益之喜。凡事吉利通達。如見刑沖破害等凶神惡煞。便知何年月內不利也。大抵行年稍重些。當與八字參詳看之。蓋推人之命。關乎大造。非可輕斷。必須潛究根原。審察衰旺生合刑害。自家把作得定。方可與人決斷吉凶。剖分得失。若不細心推究。而妄行決斷富貴窮通成敗利鈍。而無差悞者。未之有也。

論女命

推婦人之命。與男命不同。惟取其柔順情正爲吉。凡宮中寧失之於弱。不可失之於强。婦命以支上神爲最要。支上神吉。其女良。支上神惡。其女悍。以用傳觀其益夫旺子之由。以各宮看其六親完缺之因。女命喜坐尅宮。主愼重而有禮。坐生宮。恐太過有嬌姿最不宜於冲宮動搖。更有陰合乘之。恐別宮無制。則抱琵琶而過別船。不然亦有媒妮之流。坐害宮主不睦而嫉妬。坐刑害多刑傷暴戾而坐德祿宮作命婦推之而端重有福。入空鄉無救作寡婦斷之而孀居無依。坐驛馬更帶丁神。再乘勾玄陰合者。恐乖禮義而忻私奔。若坐丁馬乘貴常等吉將。他宮遙制。又當以貴論也。至於男命德與學堂并。則爲官清正。祿與長生並。則爲人富厚。遇破害爲學堂。則以術士推之。若婦人値破害。爲學堂又決爲青樓人矣。値德祿爲學堂。又斷爲賢德之母也。如是値類而旁通之。其壬書推命之理。始可得言也。

推身命總訣

身命之法節目有五。一根基。二妻子。三財官。四限運。五壽數。將身命爲本體。以財官爲用神。推吉旺則福多。究凶衰則福少。但依此決斷。無紊亂之患。　第一節先看日上爲主。若見貴人青龍等吉神生旺者。身命有氣。爲可貴可富之人。若日上見墓絕身命無炁。雖遇龍常吉神。亦是小可規模。主虛花不實之象。若日干無炁。又臨凶煞。乃下等疾困之輩。若日上有炁。刦臨凶煞。乃修偉榮顯。而帶殘疾之士。若凶煞有制。反主假煞爲權矣。故以日干爲身。以日上神爲所作之事而論也。　第二節。須看辰上神爲妻室子孫。推福德日辰相生相合。夫妻和翕偕老百年。若相尅相冲。夫妻反目。朝夕不睦。辰上吉神臨之。主妻好。若凶神惡煞臨之。其妻必惡。課無妻財。主無妻室。或妻爻重見。辰上值空。妻主刑傷。兄弟爻見。防有尅制。課中有子。必有子孫。若無子爻。後無子息。子孫空亡。多養少成。　第三節。看財官。若日月有炁。官祿貴馬龍常印綬諸吉生合日干者。乃官貴之命。若子孫妻財乘龍常諸吉神臨日合日者。乃富貴之命也。凡子爻制則有官。如子爻見而無制。則無官。兄爻見無制。則財薄。　第四節。論運限。凡日上旺相。遇財官。發福增產。遇鬼煞須防艱險。遇兄弟必主破財。若日衰遇官鬼。則變官爲鬼賊。遇父母則變爲艱辛。遇財福稍可發。遇兄弟則必遭禍患。看在何爻。便斷何年發作。　第五節。論壽數不可一概論。若日上無氣。遇官鬼大煞白虎喪門弔客在邪爻作黨者。即知在何運中。運至即死。日旺勝煞者。不過災病。一路平順。一年一位。細推詳夭壽貴賤從此決。

十二宮論

命到財官一生優。身更入吉又何求。旺相爲善休囚惡。德爲喜悅刑沖憂。 十二宮中仔細看。何宮爲劣何宮優。劣則爲忌優則吉。妻財子祿辨其由。 財帛宮見天中煞。更有比劫在其家。將來依理推了去。不是寒士卽浮誇。兄弟之宮刑煞遇。更有天刑天獄加。弔喪死氣或沖害。若非隻身是仇家。 田宅宮中忌虛抵。天鬼天賊怕相交。旺相吉神日增盛。凶神凶將漸蕭條。 男女宮中見吉神。長生爲用生炁臨。良將並見多兒女。反此子息無處尋。 奴僕宮中何以論。有尅爲順生不遜。若遇虎勾並厭煞。將來惹禍累主人。 妻妾之宮怕刑煞。無刑無劫便爲佳。有善逢吉爲良德。益夫益子善持家。疾厄之宮卻喜空。支忌邱墓莫相逢。若遇德神爲有救。如遭惡將定主凶。 遷移宮內逢二空。空如也。復空空。若遷到處人欽敬。財德祿馬在對宮。 官祿之鄉所係重。天驛二馬咸嬰應。若也無馬官不顯。或再無祿官缺俸。學堂龍朱無一見。德祿宮星後作空若非官職有黜革。便爲庸庸世上翁。　福德之宮照得寬。遇吉爲榮凶則寒。此處逢空遇刼煞。一生坎坷無足言。如有吉神良將會。便得優游子孫綿。　十二相貌看時辰。時辰不正相不眞。若帶勾玄並蛇虎。五官有破何須論。貴常龍合旺相吉。相貌魁偉人敬親。　以上所說若入空遇。吉不吉凶不凶。此理不可泥而執。大道原來要變通。

占貴賤

靈轄經曰。欲知貴賤者。子午丑未寅申生人。以天罡加本命。卯酉辰戌巳亥生人。以天魁加本命。視其生月上見功曹傳送神后勝光大吉小吉。此六神皆主大富貴也。若見天罡或天魁。主貧窮無福。　一曰大吉封侯二千石。見功曹傳送刺史之職。見小吉或醫巫之學。見大吉登明。六百石。見勝光神后四百石。　又曰天罡加本命生月上見登明。大貴。見大小吉次貴。見勝光神后功曹傳送亦貴。若見天罡須窮無位。此其大略也。

占流年禍福

欲知流年吉凶。以太歲加本命。視其行年上見功曹傳送者。其利加增。官祿倍獲。財利若見天魁或天罡者其年災害疾病欲知災事子加本命、魁罡下爲厄事也　又曰陽命以大吉陰命以小吉加本命視其行年上見功曹太冲勝光太乙者其歲有慶賀之事非加官祿則添進人口也　又曰男以功曹女以傳送加本命看行年有太歲之支德並者其年福利也或添進人口田產增益盛事若以年上見魁罡者不利

占月令吉凶

欲知月令高低以小吉加生月若魁罡臨人年命者此月大凶或官災病疾喪服也

又曰男以功曹女以傳送加生月若行年上見天罡天魁其年有喪服官災之事也

占壽夭

欲知壽夭專看本命上神如生旺德合則主延年如尅害刑沖反此斷之大端長生主壽冠帶臨官帝旺俱壯健可望壽沐浴好色多病血氣不足死墓絕胎養俱主夭若見生氣者亦上壽也又四孟作三傳遞生日干本命主長壽若從干遞生去者名根斷源消而必主夭死若死神帶虎尅日再見空亡者爲黃泉鬼也　又曰日上神生日主壽

辰上神生辰必主壯健難以長壽言之四仲作傳以不夭不壽斷之四季作三傳則爲無壽也　又曰先看四課次論三傳若四課中見凶神惡煞來剋本命三傳內若乘白虎死氣行年上重逢喪弔剋本命此年天亡看命上得何神便知何年命終如功曹臨之卽壽盡於寅年太冲加之卽數盡於卯年也若日上見吉神良將來救者縱見災危命不損傷也當變通以求之也

占得失

如入年月日辰上見吉神良將有旺相炁用傳始終旺相爲積世富貴如始衰終旺則遲得名位若所得神雖有旺相炁並用傳皆不與天乙相生者雖得而必失也

	孟	仲	季
人去否？	欲去	路上行	今去
人在家否？	在家	在路	出外
路上候人	不來	稍待	便到
客來否	无客	半路稍細	稍遲
見貴	見不見	稍等	不出
往人家有否	无	不多	半
走失	不去	十里五里內	十五里外
出行遇人	良朋	貴人	惡賊
合伴	大吉	凶人後	賊來伴
渡船	在東岸	人過來	稍待
過水	勿	必怯	任意

大六壬尋原卷四終

出行	大吉	災殃	慈悲
三叉路	上路	中間	下路
投宿	平安	清淨	防賊
逃解是非	東去	西去	南北
失物	南	東	西北
婚姻	難成	易成	不成
生育	男	女	難產
博奕	无勝	勝	
博奕宜方	南方	北	東西
住宅	光光	大吉	有災
祀神	在廟	將行	不在
打獵	有	不多	去
晴雨	雨淋	半明	紅日
祈雨	未雲	有	小雨

物在水浮沉	浮沉	浮	沉
碗中有水否	滿	半	无
精盈仰覆	仰	側	覆
手中何物	青白	黃黑	赤
手有物否	有	有	無

傳克支。蛇虎入傳而支乘死炁者。則損母。或支日神克干上神者。或天后所乘之神克合神者。或墓神覆日而不見刑冲者。或三傳克日蛇虎入傳而日乘死氣者則損子或干支互克后合相刑而日辰上下四課三傳並無一吉者則母子俱損此皆以凶斷者也。

更有三傳俱旺。末傳乘天后與課不備而日脫辰者。不足月而生也。

發用空亡。傳歸實地。與柔日昴星。及伏吟無丁馬者。必過月而生也。

貴人乘子午卯酉加寅申巳亥與壬戌伏吟乘天空者。雙生也。

貴順傳順或戌加亥者。順生也。傳逆貴逆或亥加戌者。逆生也。亥爲頭。戌爲足。

辰戌乘龍虎作月厭爲用者。怪生也。

伏吟不動干支刑克神將俱克者。逆不生也。

課體伏吟元武加辰者。生而殘疾也。聾啞不具體類。

庚辛日神后乘虎與卯加辰作天空者。生而缺唇也。此皆孕生期吉凶之附占也。

占家宅

所宜吉神

天德　月德　歲德　驛馬　天馬　喜神　吉期　成神　會神　六合　聖心

普護　益後　福德　續世　金堂　玉宇　陽德　陰德　生炁　五富

所忌凶神

三煞　破碎　火鬼　光怪　死氣　死神　血忌　火煞　大煞　小煞　九焦

天鬼　五虛　厭對　賊神　盜神　天盜　天賊　大時

占法

家宅之占。占其人之禍福何如也。占其宅之吉凶何如也。而要之以人爲主。合而占之。以觀人宅之禍福也。日爲人。辰爲宅。如日上神生辰。辰上神生日者。日辰各受上神之生者。日上見神之旺神。辰上見日之旺神者。如甲申日。一課酉寅。酉乃申之旺神。三課卯申。卯乃寅之旺神之類。日辰各受上神之旺者。如甲申一課卯寅。卯乃甲之旺神。酉申。酉乃申之旺神之類。三課辰上見德神者。一要不空亡。二要乘吉將。日辰上見貴人者。亦不要空亡。日辰上見三合六合互合者日上神合辰。辰上神合日。而乘吉神者日取相。辰上合日克干。亦忌空亡。辰加日生日者如甲子日第一課寅子之類。三傳不臨日辰日辰化三傳者要乘吉神。貴合龍常乘日辰上幷發用者則人爲福占宅爲吉。

占如日上神脫辰辰上神脫日者或日辰各受上神之脫者主人病宅盜。日辰日上神克辰辰上神克日或日辰各受上神之克者主人災宅壞。日上神墓辰辰上神墓日或日辰各受上神之墓者主人宅昏悔。日上神乃辰之敗氣辰上神乃日之敗氣如甲申午寅子申之類。或日辰各受上神之敗者如甲申日子甲午申之類、主人損宅圮。日辰上神刑冲破害者若乘凶將尤甚。日神上神空亡破碎者犯破碎煞。日臨辰受克辰加日克日者主下犯上。外侮內。宅廣人少。三傳無氣發用空亡者勾元蛇虎乘日辰上幷發用者則人爲禍占宅爲凶占矣。

分而占之以觀人之禍福

如日上神乘吉神作日德或日貴日祿者日上神生日者辰上神生日幷辰來生日者。

日上神爲生氣乘龍者。日上神克辰者。日臨辰受克辰者。辰生日上神者。日上福神爲福德。月將爲福德。又乘吉神者。如乙合龍常之類。課體吉。如三奇三陽六儀富貴格。而三傳生日者。三傳生日而天官克日或三傳克日而天官生日者。是爲官印顯赫而主富貴榮達。三傳遞生而生日者。三傳旺相發用日德乘吉神者。初傳乃日前之辰末傳乃日後之辰者。如甲課在寅。初卯末丑爲引從也。如此爲福占矣。

如日上神乘凶神作日破或日刑日害者。日上神克日者。日上神墓日者。辰乘墓日者。如丙戌日占戊己之類。日上神爲死氣乘白虎者。辰上神克日者。日臨辰受克者。辰克日上神者如克財生財退財之類。日上神或空亡或盜日或敗日又乘凶神者。課體凶。如孤寡絕嗣無祿蕪淫之類。而三傳克日。有官職不忌。或脫日者。三傳遞克而克日者。發用空亡或日墓者發用克日又乘凶神惡將者。如死神死氣蛇虎惡將之類。如此則爲禍占矣。

又當以日上神官之刑克定其事因。如天乙生日則貴人提挈本身近貴榮華。克日貴人嗔人虧算。日克乙惹是非。蛇生日則憂疑解散。克日則人病火災。日克蛇失力處

驚。 雀生日則文書喜氣克日則是非口舌日克朱文書財物。 合生日則相合婚姻
克日則隄防哭泣日克合主進人口。 勾生日則田土進益克日則因田致訟日克勾
修造動土。 龍生日則財喜恩榮克日則家堂不安日克龍則有財喜 空生日則奴
婢得力。克日則下人欺算日克空添力修築。 虎生日則精彩發達克日則孝服血災。
日克虎反有橫財。 常生日則人送財帛克日則孝服傷食日克常反主有酒食請召。
元生日則有是非克日失脫防盜日克元反主喜事。 陰生日則陰人助財克日則
陰人僧道虧算日克陰金銀財物自來。 后生日則婚孕有喜克日則婦人爭鬬日克
后則喜事臨門
又當以三傳全體之生克驗其人口如三傳全財則憂尊長如日上見官則尊長喜。 三傳全印則
憂卑幼。如日上見同類則卑幼喜。三傳同類則憂妻妾。如日上見傷食則妻妾喜。三傳傷食則憂官祿。如日上見財則官祿
喜 三傳全貴則憂本身與同類。如日上見印則本身同類喜。
又當究其空亡之爻如父母空則父母不測之類。 又當視其類神之主如六合是兄

第。看其所乘之神虛實衰旺何如也更以家長行年上神決之禍福無遺矣。

何以占其宅之吉凶

辰上神爲歲君福德又乘吉神者。亦忌克神 太歲乘天乙加辰上者。庶人之家亦忌 辰上神生辰者。辰上神作生氣乘龍者。只不克辰爲吉 辰上神爲支德或與喜神併者辰上神與日上神比和。或三合六合德合乘吉神者辰上神旺相或辰自旺者。支神木春占旺 三傳旺相乘吉神而發用支德不克日者發用爲日之長生乘吉神不克日者則爲吉占矣。

如辰上神爲休囚墓絕又乘凶神者。如蛇虎勾元類 辰上神雖作生氣而克日者辰上神盜神敗神墓辰者辰上神空亡或神自空亡者辰上神與辰自相刑冲破害者三傳休囚乘凶將而發用支德空亡者太歲乘白虎加辰上者。有官職不忌 辰上神克辰者辰上神作死氣或月厭乘凶神者。如蛇虎勾元之類 三傳盡爲辰之鬼與發用爲辰鬼而不生日者則爲凶占矣是皆宅之正占也。

又當視辰上天官之美惡以定其興替如天乙加宅主家道興隆生貴子乘吉神出仕

宜貴人有喜乘凶神小口災多虛驚　蛇加宅主憂驚怪異亂夢火燭有鬼祟忌損陰
小若乘伏尸煞則宅有伏尸　雀加宅主求親作書人患眼疾內外喧噪如午酉日占
則婦人不和口舌咀咒喧呼　合加宅主進小口婚姻眷屬入門修造動作如戊己日
則有人送物主添丁進喜　勾加宅主屋宇毀壞修葺小口宿疾又主出風疾人若傳
富貴屋宇光華傳用六合進人口傳見三合積財寶　空加宅主人多憂財多散失下
見雀虎主爭田公訟不已虎主婦人久患血病　龍加宅主橫入他財骨肉娛樂子孫
人不足陰小多災宅神空廢漸見凋零　虎加宅主病亡喪禍傳用朱勾官訟傳見天
乙病動傳見勾武小口病退　常加宅主宅常修飾歌管懽呼外家人主張女得外家
財物占庫豐滿傳用蛇虎六丁防孝服　元加宅主宅多失脫盜賊逃亡少婦墮胎宅
水不吉以致宅長損陰小災或有水鬼　陰加宅主生貴女承恩澤主異姓過房財帛
私陰暗積又主小口生多福祿如乘死囚則孕生女小口削弱老陰婦人病亡財后加
宅主生貴女受恩澤傳用太常主宅有寡婦用天乙損家長用蛇多災病傳合龍常進

婚姻傳元合損陰小傳六合多淫佚也。

又當視日辰四課三傳之旬丁以驗其未來　如丁乘乙主貴客來　丁乘蛇主人走失。丁乘雀主遠信至。丁乘合主子孫外出　丁乘勾主兵卒勾攝。丁乘龍主遠行。丁乘空主奴婢逃亡。丁乘虎主孝服動。丁乘太常主父母憂。丁乘元主失財不獲。丁乘陰主婢妾私。丁乘后主婦人通他如日上丁馬人不安宅也

又當察其鬼祟之有無如日鬼天鬼天目加辰傳用月厭丁符者主有鬼而以天罡所臨定其方所如臨子在房之類。

又當明其類神之分屬以子爲房爲徑丑爲廚又花檻寅爲前過道又書院卯爲前門辰爲續壞巳竈午堂未井申後過道酉爲後門戌爲浴堂亥廁又樓臺兼以家長本命配之。喜相生。生命尤佳。忌相克。克命尤甚。而吉凶無遺矣。

又日上神爲舊宅辰上神爲新宅觀其旺衰臧否異也。日上神將旺相舊宅好。如上神克日自不欲住矣辰上神旺相新宅好如上神克辰雖移住不久也。　辰左神爲左鄰

辰右辰爲右鄰觀其神將善惡分也如辰是子丑爲左鄰亥爲右鄰神將吉則善凶則惡也　后乘龍加辰巳宅井有水也　傳見太乙乘空宅竈須修也　辰加日乘龍宅乃寄居也　庚子日子加申宅出外人也　大煞臨辰乘虎克日宅防血光也　天后太陰臨辰而陽不備宅掌陰人也　子午龍蛇臨日辰而見血支宅有孕婦也　子午丑未相加而乘朱宅之兄弟相尤也　墓加日作鬼休囚宅墳不安也　辰加午乘蛇臨合宅牀有怪也有毒蛇在下　龍乘生氣臨辰生日宅漸興旺且悠久也　虎乘生氣臨辰生日宅必驟發慮不永也凡此皆禍福吉凶之附占也

占疾病

所宜吉神

歲德　普護　天恩　天喜　喜神　枝德　生氣　龍德　天解　外解　内解

解神　福德　天醫　地醫　天願　天德　月德　無翹

所忌凶神

疾病

病符	黃旛	豹尾	白虎	昏迷	游禍	五鬼	三煞	墓門	大時	死神
死氣	金神	鬼煞	螣蛇	瘟煞	女災	時煞	喪門	弔客	孝杖	孝服
天死	枯骨	死符	滅門	哭神	上喪	下地	哭忌	天獄	地獄	大煞
小煞	喪車	受死	浴盆	大禍	披麻	絕氣	天鬼	喪魄		

二四

占法

占病之法。宜慎而詳。大要有四。一曰占其死生。二曰占其病症。三曰占其醫藥。四曰占其鬼祟。其餘不過附占而已。

占其死生

大抵日爲人。辰爲病。日上克辰吉。辰上克日凶。細分之。如四課日辰俱墓。傳用復墓而無刑冲者。白虎乘死氣喪神克日。而無救解者。白虎臨日克日。或辰作白虎克日者。年命復墓而乘死氣者。月厭大煞飛魂死車哭神同死神死氣填滿課傳內有克日者（課傳中諸煞盡現。復有二三爲日鬼。）龍乘驛馬與武乘浴盆煞加命上者。日德日祿發用及加年命上而俱空亡者（若辰上空是爲病空反吉）魁罡加日龍合陰入傳者爲人占病而類神值空亡者如占父與尊長而日及天乙空占母而太陰空占伯叔之類而太常空占兄弟朋友而青龍空占妻妾而天后空占子息而六合空占奴婢而天空空酉戌空皆不吉若四下克上與傳中俱財則憂父母四上克下三傳俱印則憂子孫亦當以類神推之諸如此者皆爲死之占也

而死之期則以日干之絕神定如甲乙日絕在申看申臨何辰臨歲則不出一歲臨月不出一月臨日不出一日當以太歲年干間之法詳之一法以男取功曹女取傳送加行年上以魁罡下辰爲死期　年命入墓而四煞中有生氣者課傳俱凶而類神在生旺之鄉者課傳惡煞而不來傷日者白虎乘神克日干而干上神反克白虎者白虎乘神克今日之支而支上神反克虎者白虎乘神生日或日生白虎乘神與白作今日之德神者（如甲日虎乘寅）白虎雖入墓而加午上者（如甲日未爲墓虎乘未凶加午爲燒身無畏之若虎乘水神加午則大凶也）白虎克日而虎之陰神能制虎者日德日祿發用而不空亡者皆爲生之占也其爲愈之期

則以日干之子孫定如甲日占病丙丁愈子孫能制魁也此皆生死之占也。

占其病症

大抵日爲人辰爲病而辰上神爲受病之症故當視辰上之神神后傷風腎竭如天后乘之則男子精絕女子血絕登明顛狂濕風如元武乘之則眼目流淚天罡腹痛脾泄如天空乘之則行步艱難從魁喘嗽勞傷如太陰乘之則發肺傷脾傳送男昏破女孕危如虎乘之則瘡腫骨病小吉傷食翻胃吐嘔太常乘之則氣噎勞瘦勝光心痛目昏如朱雀乘之則傷風下痢太乙則齒痛嘔血如螣蛇乘之則頭面疼腫天罡遺漏風癱如勾陳乘之則咽喉腫塞太沖脅多風如六合乘之則骨肉疼痛功曹目疼腹痛如青龍乘之則肝膽胃疾大吉氣促傷殘如天乙乘之則腰腿痿痺

十二辰所專屬則亥子屬腎　巳午屬心　寅卯屬肝　申酉屬肺　辰戌丑未皆屬脾。

推其十二辰所變通則亥子膀胱也巳亥頭面也　寅申手足也。　辰戌頂門也　丑

未肩背耳也。卯大小腸也。午榮衛也。酉肺與肝膽也

詳其神煞所相加則白虎加天罡霍亂吐瀉也。元武居神后腎衰也。辰戌乘后雀痞瘧等證也。勾陳乘戌咽塞也。太陰乘申腰腫也。白虎乘卯酉吐血勞怯也。天乙守魁罡虛腫也。白虎乘丑腹疾也。巳亥相加心腹有癖也。神后作血支瘡疽血痢也。太陰乘陽刃血支臂腹有血疾也。丑加亥乘虎與課為天弔傳為曲直女經不通也。勾絞煞作蛇虎入傳小兒手弔也。反吟帶白虎翻胃也。伏吟作日鬼水蠱也。

究其得病之原由則日上神乘天乙則思想勞苦得也。乘蛇則驚恐憂疑得也。乘雀則苦心訟咒得也。乘合則喜慶姻親得也。乘勾則情緒牽絆得也。乘龍則經營財物得也。乘空欺妄隱忍得也。乘虎則弔喪問病得也。乘常則醉酒飽食得也。乘元則祭祀盜賊得也。乘陰則奸私暗昧得也。乘后則閨閣酒色得也。乘虎自巳至戌白虎乘之病在表也。自亥至辰白虎乘之病在裏也。此症之占也。

天臣 五起子逆行の仲
地臣 五起卯順十二支

大六壬尋原　卷三

二臣臨年命及日辰或入傳病易愈　諸臣在其方上療病必痊

占其醫藥

天地臣立何方任其方向其方求臣

男以天罡加行年上功曹下是醫神也（如寅下是子、則醫神即在正北方上）女以天罡加行年上傳送下是醫神也。醫神若能克支及能制虎所乘神則善矣。或不然則於今日課前第二辰下求之辰也（如甲課在寅。前二辰乃卯。天乙其下求之）求之而醫神能克支能制虎所乘神則善矣。又或不然則於天乙對冲下求之（如天乙日之辰則戌爲第二也）求之而醫神能克支能制虎所乘之神則善矣。又或不然則直於制前乘神之辰下求之（如虎乘申。則於午下求之。必能分陰陽以爲克制也）無有不善矣。其醫神屬木土者宜丸散。屬水者宜湯藥。屬火者宜灸。屬金者宜針砭。此醫藥之占也。

「占鬼祟

有占鬼者以鬼所乘之天官占之。乘貴則廟祠土地。乘蛇則淫祠眞武（先有怪夢）。乘朱則竈君火神或經咒願心。乘合則家堂神祠或眠牀當換。乘勾則古貌神師。乘虎則橫死凶身（在申酉者尤的。不然是惡神也）。乘常則新化先靈（或許盤案未還）。乘元則斗聖不安（如亥子上則水也）。乘陰則女姑陰降（宜修。）或竈損。乘后則水亡老婦（如加旺相則觀音願）。而白虎乘太冲則防衛寓禁忌也。虎合乘四季則喪家煞神也螣蛇乘寅卯自縊傷亡也勾陳乘四土土神作殃也　他如死氣所乘亦可參看如死氣乘合家有尸柩乘蛇沉廢久病而死者乘勾陰府勾攝神乘乙香火乘虎疾病死亡者不得解脫或有伏尸乘合陰婦人陰靈之類此鬼祟之占也

若占疾病之吉方則男以辰加日上巳下爲吉女以戌加日上亥下爲吉而以今日伏吟時避之鬼遁病除

若占凶訊之實否則罡臨孟陽不實罡臨季陰果然更以類神占之鮮有不中此疾病之附占也諸說煩瑣悖理者不贅

占謀望

所宜吉神

天德　月德　合神　成神　喜神　天願　月空　福德　金堂　玉宇　聖心

所忌凶神

無翹　五富　歲德

三煞　大時　破碎　關格　厭對　天賊　五虛　死氣　死神　往亡　歸忌

占法

夫人欲爲不敢遽爲。有謀不敢必得。占之之法始焉。占其可否。既可矣。占其成敗。既成矣。占其遲速。此其大概也。

所謀望之類神。課傳不見者如謀望財利而課傳絕無財神之類。日上神與支上神冲刑破害不相合而天官復乘惡神者。干支坐墓。而或干支互墓。與墓神覆日墓用而不見刑冲者如上甲申甲寅二日例。日辰命上所乘之神皆凶。而所傳之神復凶者郎勾元空虎之類。是爲不可之占。

其所謀望之類神見於課傳者。干支上神比和。復乘吉神者干支上神旺相相生。無刑冲破害。或有之復相合。又乘天乙等神者。發用所乘之貴人吉。與日相合而不落空亡者。三傳俱進而不落空亡者如丑子亥是退傳。適值甲寅旬空。反宜進步以圖之也。年命上神與所謀之類神相合。而不見刑冲者。不落空亡者如占財而年命上神與財支干合生之類。又無刑破也。貴登天門。神藏殺沒者。貴人復日者。三傳俱吉。是可以謀望之占也。

何以占其成敗

發用關格。復乘惡神者。如子加卯。午加酉。戌加亥。辰加巳。而貴人復凶也。干支俱吉。三傳凶者。所謀望之類神雖見而落空亡與刑冲破害者。破碎發用復乘凶神者。歲破月破並見三傳。而類神或爲歲月破者。勾空元虎非類神而日上與發用並乘者。陰蛇與雀非類而乘發用克日者。三傳所乘之神。先見元武。復見勾陳者。命上神或克日上神者。三傳初克末傳者。三傳見類神休囚者。是爲不成之占也。

其發用日德日合。又乘吉神者。干支雖凶。三傳俱吉者。類神見而不見空亡。不刑冲破害者。類神發用神煞無害者。太歲月將作貴人發用者。命上日上神或爲日貴或爲福德。即太陽也。而與發用相比和者。日上神與命上神相合。或日上神來克命上神者。丑加巳。子加丑。更乘吉神者。丑加巳。是戌與癸合。號爲極陽。子加丑。是生女相配。故以吉言。三傳末克初傳者。三傳見類神而旺相者。三傳見成神者。日上發用龍常而不克日者。若土日則龍克之。吉反爲凶矣。是謀望必成之占也。

何以占其遲速

如類神旺相者速、類神休囚者遲、劫煞發用者速、驛馬發用者遲、成神作初傳者速、成神作末傳者遲、日德作類神而發用者速、巳亥作類神而發用者遲、類神臨卯酉者速、類神臨辰戌者遲。卯酉為二八日月門。辰戌為天羅地網。又為海角天涯也。三傳不離四課而末傳歸日上者速、三傳離了四課而末傳空陷者遲、更以發用參之歲月日時遲速了然矣。如用年不出年、用月不出月、用日不出日、用時不失時之類、此課望遲速之占法也。

然有宜於公而不宜於私者、課傳六陽也。宜私而不宜於公者、課傳六陰也。所圖而知其實者、三合六合而類神見也。所圖而知其虛者、天空疊空而類神伏也。宜動而不宜靜者、丁馬並見也。雖伏吟亦主動。宜靜而不宜動者、干支乘旺也。如甲申日卯酉為旺神。　自干傳支則我去求人、自支傳干則人來求我。先刑後合則初難後易。　先合後刑則初易後難。三傳迭克而復來克日、事雖小而終乖。　太歲月將發用、大事宜也。　三傳平淡吉神、小事可也。　幹事宜托何人、視類神也。天乙則貴人。陰勾空則吏卒。或有服人之類。然當視支上神。孟日為己。辰為人也。　敗事係於何人。亦視類神也。亦視文上類神旺則可圖。現在類神相則可圖。將來類神休則可圖過去。鬼在孟。則尊者之事難圖。鬼在仲。則同輩之事難圖。鬼在季。則陰小之事難圖。此皆謀望之附占也。至若上克下。則事起男子在外。下克上則事起女子在內。知一課事起比鄰。辰克日則言眞。日克辰則言僞。傳貴皆順。事順。傳貴皆逆。事逆。去辱、喜空、求榮、喜實。隨所謀望。當爲消息。未盡乃未盡〇一者、在學人推廣。

占選舉

所宜吉神

天德　月德　德合　祿神　皇書　天喜　皇恩　驛馬　天馬　日馬　太歲

月將　喜神　成神　聖心　無翹　歲德　福德　玉宇　金堂　天願

所忌凶神

劫煞　災煞　月煞　歲煞　天獄　天火　大時　陽刃　死神　死炁　病符

月厭　大煞　小煞　月空　厭對　往亡　歸忌　游禍　五虛　地獄　喪門

弔客

占法

選舉之占。占其名之有無。中之高下而已。然必明其類神之所屬。而後可占也。明於主文之所屬。而後可占也。明於神煞之喜忌。而後可占也。

類神之所屬

以日辰言。日上辰主文也。日應試人也。辰上神場屋也。辰題目也。初傳初場也。亦爲應試人。中傳中場也。又爲文章。末傳三場也。亦爲主文。以十二辰言。子、易。申、詩。亥、書。卯、春秋。巳、禮記。午、文章。酉、七書。

何以主文之所屬

廷試主文。太歲是。歲君君象會鄉試主文。歲破是也。外省憲臣遙對天子之象。督學府縣主文。月建是也。取四時循環之象。後分會試主文爲月將。鄉試爲歲破。

何以神煞之喜忌

乙龍合蛇雀常所喜也。勾虎武空陰后所忌也。天喜皇恩五馬。年月日時之馬同天馬爲五馬。印綬戌爲印未爲綬所喜也。死炁病符月厭所忌也。三奇六儀龍德富貴所喜也。日墓空亡休囚刑害所忌也。明此三者。選舉可占也。

何以占其名之有無

日辰上下相生。乘吉神者。日辰上祿馬互見者。三傳旺相相生乘吉神者。三傳遞生與生日者。三傳克日而天官生日者。青朱乘日上神與發用作日德日神日官而不陷空亡者。日上神作儀奇而發用臘蛇。末見青龍者。年命上神乘天喜而簾幕貴人見傳課者。隨所試而主文生日。或乘吉神在日年命上與發用者。皆可以占其名之有者也。如日辰上下相克乘凶神者。三傳刑害無炁乘凶神者。三傳遞克而克日者。勾元陰乘日上神與發用作日刑日害日墓而無吉神者。墓神覆日與辰傳墓日者。空亡加日上與日傳用者。死炁病符月厭見三傳而無吉神者。年命上凶神惡將而課傳俱空陷者。雀落空亡。龍歸墓地。龍乘未也。天空發用者。元武乘神克日與白虎乘神傷日者。隨所試而主文空亡。或克日或乘凶神居年命上者。皆可占其名之無也。

何以占中之高下

論廷試。太歲乘吉神生日干。作日臨干發用。五馬交馳。印綬德祿皇恩並見。六陽數足者。狀元也。　太歲乘吉神生日干。或作日貴臨干見中傳。三四馬交馳。印綬德祿天喜並見。六陽缺一者。榜眼也。　太歲乘吉神生日干。或作日貴臨干見末傳。三四馬交馳。印綬德祿天喜並見。六陽缺二者。探花也。　日辰課傳俱吉。而吉神拜於初傳者。一甲也。　日辰課傳俱吉。而吉神併於中傳者。二甲也。　日辰課傳俱吉。而吉神併於三傳者。三甲也。

論會試。月將乘吉神生日干。或作日貴臨干發用。傳見德祿天馬天喜者。魁元也。吉神同上而將見於中末傳者。中在後也。

論鄉試。歲破乘吉神生日干。或作日貴臨傳發用。傳見德祿天馬天喜者。元魁也。吉神同日而歲破見於中末傳者。中在後也。

論小試。則月建乘吉神生日干。或作日貴臨干發用。傳見德祿者。批首也。龍朱旺相。月建乘吉作貴。見於中末傳者。一二等也。見中傳則一等。見末傳則二等。蓋發用見德祿。批首也。若祿神旺相則是。龍朱休囚。月建雖乘吉作貴。見別處不入傳課者。三等也。此高下之占也。他如元胎吉將六合子未辰卯外處也。即胃籍　天后太陰乘日貴生日。陰私也。即屬托　朱雀乘神克主文。主文嗔怒也。朱雀乘日無氣。文失則也。朱雀乘亥子內戰。防點污也。元武發用。慮塗抹也。三傳空亡。卷疎失也。此皆選舉之所宜類推者也　至於舉武之法。則日上發用與年命上遇大煞月煞乘天空白虎太歲入傳者利。巳爲弓申爲箭五馬爲馬。三者並見。又乘吉神。不犯空亡者利。三傳克日陽及祿馬並見者利。其餘例文舉而類觀者也。

占官祿

所宜吉神

天德　月德　德合　天馬　驛馬　皇恩　皇書　天詔　天印　喜神　天喜

成神　玉宇　金堂　聖心　天願　福德

所忌凶神

死神 死煞 三煞 天吏 大時 往亡 歸忌 病符 喪門 弔客 天牢
天獄 地獄 致死

占法

官祿之占。所用於天官者乙龍常雀虎也。天乙爲貴人之首而文視青龍武視太常朱雀爲文書。白虎加官鬼爲催官使者。且主威權也。所用於神殺者太歲月將日德天馬驛馬天吏天城之類也。太歲爲至尊之神。月將爲福德之神。寅爲天吏申爲天城也。所用於十二辰者官祿（如甲以酉爲官祿）。日祿（如甲以寅爲祿之例）。印綬軒車所寄之類也。（戌爲印未爲綬卯爲軒車）所忌者空亡與冲墓之類也。所主者本命與行年也。因是以占在任之吉凶。如日上與發用或日德日祿或日官上乘吉神與中末兩傳不見空陷者吉也。如日上發用神將並凶或神將雖吉而冲墓空亡者凶也。干上天羅支上地網。即以羅網發用。而年命上乘喪弔者。則爲丁制之凶。干發用主父。支發用主母。日上神與發用係日墓。或上乘白虎。或祿神作閉口。或神將不吉。而三傳爲折腰。爲空陷。與年命上之神乘病符諸凶煞者。則爲疾病不測之凶。輕則疾病。重則不測。三傳自下克上。遞克日干。或自上克下。遞克日干。而無日德解救。與朱雀乘閉口者。則爲論劾之凶。德祿官三者落空亡。年命上之神又乘凶乘空者。則爲去位之凶。　日干之祿。或寄支上。如甲子日寅加子也。日干之祿或寄支投墓。如辛丑日酉加丑例。而無官德救解者。則爲缺折遜避之凶。　因是以占陞遷之遲速。則課既定。文視靑龍。武視太常。視龍常所乘之下神。或作今日之日辰。則佳音可翹首而待。不然。視其神與日隔幾位。而因以定其年。視其辰與辰隔幾位。而因以定其月。視天盤上神長生之地爲何神。而因以定其日。視地盤之神。而因以定其時。假如其後其龍常所乘之神。生日干者內除也。其日干生龍常所乘之神者外除也。　其祿神下之神。卽食祿之方也。　其郡邑之別。則視龍幷祿神下之神之分野。又視二十八宿中之生本命者而細分之也。如壬寅生人。壬祿在亥。亥加辰。當尋辰宮之分野。如宮內有軫角氐亢四宿。則取亢金龍爲用。蓋金能生水。金壬相逢。故知亢之分野爲食祿之所。

其占聞報之虛實則傳課既佳而式內太歲在日之前又日上或乘天乙或乘日貴或乘朱雀者實也傳課佳而日上乘夜貴者方准或陪點也傳課不佳而太歲居日後日上乘元武或喜神朱雀空亡者虛也他如太歲月將臨干發用官印顯赫祿馬扶身貴臨天門神藏殺沒傳官將生年命協吉或課如甲子之伏吟庚寅之伏吟諸課皆主官尊祿厚悠久無疆者也

假如三月酉將用戌日未時占文官何日陞　斷曰當在赴任之地三年七月戊寅日辰時得陞報蓋文視青龍龍乘午加辰甲戌日占寅爲日隔地盤辰三位故云三年（所謂視龍下之神與巳隔幾位而定其年）戌爲辰隔地盤辰七位故云七月（所謂視其神與辰隔幾位而定其月也）龍乘午火也火長生在寅寅上是辰辰中有戊故知爲戊寅日（所謂視天盤上神長生之地爲何神而因以定其日）龍所乘下神是辰故知爲辰時（所謂視地盤之神而因以定其時也）　至若武官之占則視太常而照此例

占求財

所宜吉神

玉宇　金堂　五富　無翹　陽德　天馬　時陰

所忌凶神

天賊　盜神　死神　五虛　游禍　天獄　天火　地獄　金神　關神　謾語

占法

求財何占也占其求之有無。占其得之難易。占其數之多寡。與夫財爲何人所與財爲何等之物也。

求之有無。何以占也。取日干所克者爲財。而課傳俱有財現。如甲乙日課傳有辰戌丑未之類。或日上神。或支上神或命上神俱以下克上爲日辰命上之財。如日是寅。寅上是丑。支是子。子上是巳。命是酉。酉上是寅之類。所謂緊切視三財之訣也。或發用是暗財而貴人作青龍。如酉以寅爲財。而初傳是亥。亥水也。而寅木生於亥。酉以寅爲財。而傳是未。未本土也。而寅木庫於未。皆爲暗財臨龍也。或課傳無一財而三傳爲傷食。如丁日以金爲財。課傳無金。三傳皆土。土爲丁之傷官食神。反能生土金也。亦是暗財。或日財見於青龍之陰。龍臨第二課。爲日干之財。或旺財臨於行年之上。行年在酉。上加寅卯。春占之也。或龍乘日上支上之神。而神係日本。如龍乘寅。臨干支之上。而日是丁也。或日克初傳而三傳遞克則占求財者可必其有矣。

若占求財而必其無者。蓋雖前項之吉神吉將而落空亡。如甲子旬空戌亥。亥為財為空亡。若戌亥年月不論。或三傳俱是財而財多化鬼。如酉以木為財。而三傳寅卯辰。財多化鬼也。或發用是日財而神作天空。奴僕之財非所論。

或課傳俱無財而青龍入廟入墓。如丙日。而課傳俱無金。或龍在寅。伏而不動。在未入墓也。或青龍乘空亡而日辰比肩劫財。如龍乘旬空。而日辰上神為同類是也。凡此皆無財矣。

得之難易何以占也。支來生日則易。支來克日則難。財臨午酉則易。財臨關格則難。財為發用則易。財為末傳則難。財臨干則易。干臨財則難。日德日祿為發用則易。反吟伏吟為課體則難。支傳干則易。干傳支則難。日上辰上神和合則易。日上辰上神背馳則難。其先難後易者。初來克日而中末被日克也。求之宜緩。其先易後難者。初為日克中末來克日也。取之宜速。

得之多寡何以占也。財逢旺相則多。財乘休囚則寡。發用為財則多。中末為財則寡。類神見則多。類神伏則寡。如求金銀欲見酉。求衣服欲見未類。太歲作財神而乘青龍則多。時日作耗神而乘別將則寡定以先天之數。或子午為九。又八十一也。加以倍減之法。倍如子水在冬則倍。在夏則減也。而多寡明矣。

財所來處

何人所與何以占也。觀之類神。如財乘天后則主婦人妻妾之財。乘天乙則主貴人尊長之財。乘青龍則主公門貴客。或道流之財。乘六合則上大夫或術士沙門商旅之財。乘勾陳則主二千石漁鹽與惡人之財。乘螣蛇則主婦人或醫匠之財。乘朱雀則主使君亭長宮妃或善士之財。乘太常則主貴人老者或女親之財。乘白虎則主兵卒僧醫或孝服市賈之財。乘太陰則主婦人姻親奴婢之財。乘天空則主官吏長吏或僕從之財。乘元武則主小兒牙人或盜賊之財。引伸推類可也。

財為何等之物何以占也。觀之類神。如財神乘天后是水利或酒醋之財。財神乘天乙是舊宅牛畜或橋梁之財。乘青龍則公中書籍或柴薪錢帛之財。乘六合是車船竹木買賣之財。乘勾陳是水物田土或文書印信寶貨魚鼈之財。乘太常是衣服緞疋或婚姻飲食之財。乘白虎是田園大麥或湖池道路喪具之財。乘太陰是金銀錢玉或小麥五穀之財。乘天空是墓墳宅舍或印信獄具之財。乘元武是鱗介樓台倉廩或畜類之財。推類可也。

然有空手之求者則財逢旺相適値旬空是也

亦有無心之獲者則太陰乘神適作日財是也

至於以求財之方向論則視青龍所乘之地方求之龍居午南

以求財之時日論則視財爻所臨之神如財臨太歲以年計臨月建以月計臨日則本日臨時則本時推之也其以索債求者則詳日辰時而推之日爲財辰爲債主時爲欠債人如時上神生日日上神生辰或俱比和或俱吉將或辰上神克時上神或以類神發用索之有得

其以借貨求者則辨剛日柔日而推之剛日看日上是何神柔日看辰上是何神丑寅乘吉神立借得有巳午主遲緩終得酉戌目下卽得亥子婦人嗔申未無望也若類神見財爻旺相不必拘此例求無不得矣

其以博戲求者則視支干支爲主干爲客支克干則主勝干克支則客勝皆視上神

其以不正求者則視三傳或先鬼後財或傳鬼化財或元武附財者利此求財之附占

也。若夫日上財爲外財辰上財爲內財臨丁馬則遠財視何者之財爲旺相而或內或外或遠或近以求之是求有益於得也。

占行人

所宜吉神

驛馬　天馬　福德　聖心　會神　信神　喜神　歲德　成神　遊神　天信　書信

所忌凶神

病符　戲神　天車　讒語　三煞　大時　天吏　往亡　歸忌　遊禍

占法

大抵占行人須分遠近久暫須看類神及諸煞方可斷其歸否與歸期也如暫出而未知其歸者則以此人出門之時加於今日之支上視天罡所臨下神爲至期假令去人是昨日巳時出門今日是癸丑日占卽以巳加丑上順數前去值天罡臨子上卽斷其子日到或當日子時到也 如久出而地近未知其歸者則以月將加正

時視天罡下之神是孟未動身是仲在半路是季即至假令酉將午時則辰下是丑丑爲季主其人即到是也。

如遠近行人出久而疑其歸否者則視四課內或墓覆干或墓覆支或天驛二馬乘支是爲入宅或類神乘支或日辰上見天罡者視三傳內或行人本命臨初傳或初傳是日之絕神甲日初傳是申之例或初傳是日之官鬼或初傳是日而末傳是辰或末傳歸日辰上或末傳是日之墓或末傳是天驛二馬之墓或末傳是戌加卯或加酉或三傳內見類神或三傳內見遊神臨墓神者視貴人或類神發用或類神乘馬臨日辰之墓或白虎乘二馬者皆主歸也其歸期則以遊神下神決之如遊神是子子下是寅則或寅月寅日歸也。

如行人久出絕無音耗課傳內又不甚了了則視行人之行年與今日之日干要天盤日歸地盤日迹歸之順逆准於貴人貴順則順轉自亥而子之例也貴逆則逆轉自子而亥之例也若歸從門上過卯酉爲日月出入之門順或逆當必過之或門上之神不克日不克行年及地盤日上之神不克日不克行年

則其人必歸其歸期三千里外人視將軍煞下之神。如巳午未殺在卯。卯下是子。則斷其子月子日歸也。千里外人視歲支下神五百里外人視月建下神百里外人視日干下神無不應也五十里視人。正時二三里視天罡下。

如行人久出不知去向則視其行年上之神則知其何處去視行年之上神則知其從何處來假令行年是卯上加從魁則知其從東方去卯東也更知其從西來酉西也

如行人出久不知其程則視行人命上之神與年上之神以巳子午九之數合定其程數意其近則一進十十進百意其遠則自一而進至於千若命上神與年上神旺相則又當倍而進之否則但有進而無倍而程之遠近辨矣假令命上神是子子數九年上神是亥亥數四合成十三數進作一百三十里倍作二百六十里又意其進也進至二千六百里此皆斷行人之必歸者也

若歸而病者則末傳是墓而虎乘之也　若歸而無財者則年命上與三傳皆無財或見財而落空亡或財爻乘元武也　若歸而不如意者則年命上乘敗神加午之類如申命上或

貴人落空或成喜二神見落空也。如課傳內日克初傳者。初傳爲日墓者。初傳空亡者。類神空亡者。二馬空亡者。馬臨長生者。如甲日寅臨於亥。亥爲長生驛馬也。馬被合者。如未日巳馬臨於申上。則巳與申合。馬不動。與夫天盤上日要歸地盤上日而卯酉門上之神。克日與行年及地盤日上之神克日與行年者。皆以不歸斷之也。

若爲人稽留而不得歸者。則視類神上所乘之神。而斷其爲何人所留。假令類神是戌。戌加本日之貴人。是爲貴人留也。或日上乘酉乘天后太陰。決爲婦女留也。　若以所至之方爲樂地而不肯歸者。則類神臨長生或旺鄉與驛馬臨長生也。　若中道而止不能歸者。則剛日昴星發用。戌加亥陰關。或犯天車殺之類是也。　若病而不歸者。則去人行年上值病符。乘凶將。馬臨空亡之類是也。　若死而不歸者。則行人本命上值墓神。乘凶將。馬臨空絕或犯空亡之類也。　至於人雖未歸而信則先至。則信神發用也。信神是酉。酉加子上。遠則子月。近子日也。行人雖寄信而信不到家。則信神現而空亡也。或行人無書信而忽聞口信之傳。則視其不犯謾語殺。或類神作信神。或日上神不傷支上神。而後可

以爲吉凶遲速之實信也若陰虎空蛇四將乘辰戌加日上者其信亦不實也

若夫請人而不知其來否者其人近則以月將加時以天罡決之如罡加日辰上決如期而來罡加日前亦來罡加日後不來其人遠則如占行人之例而視類神要天上類神轉至地盤類神轉之順逆亦以貴人爲准如門上之神及地盤類神上神不克類神者必來門上神及地盤類神上神克類神者必不來其來期則以戲神決之假令戲神是巳巳加子則子日到或當日子時到也

若夫喚下人而不知其來否者則以月將加今日之辰上視正時上所得之神而決之正時上見辰戌子午卯來見寅申丑未少頃來見卯酉中路而轉見巳亥必不來

若夫與人期會而不知遇否者則以月將加正時而決之於天罡如罡加今日之辰准遇罡加日前爲已去罡加日後爲未來此皆以行人推類而盡其餘也

假令斷其不歸例 此行人久絶音耗占例

十一月丑將甲午日午時占行人而行人行年寅未 四課酉寅辰酉丑午申丑 三傳酉

辰亥天官勾元朱蓋天盤寅爲日爲行年貴人逆行轉到地盤寅上從卯門過門上神是戌戌乃辛之寄官也辛金克日及行年矣又地盤寅上神是酉酉金克日與行年如何得歸故斷其不歸也

假令斷其必歸例

正月亥將甲子日丑時占行人而行人行年辰四課子申戌子子申戌三傳戌申午天官元后蛇蓋天盤寅爲日貴人逆行當逆轉到地盤寅上從卯門過門上神是丑日干與行年無克而地盤寅上神是子爲行年之財又能生日如何不歸此必歸之斷也

占逃亡

所宜吉神

會神　天願　六合　喜神

所忌凶神

五虛　元武　死神　血支　血忌　絞神　長繩　喪門　弔客

占法

曰逃曰亡固是不同而解之者其說不一然與其別逃亡之名曷若精逃亡之算何以精之近者君子之類責德小人之類責刑遠者視各屬之類神至於有所竊而逃者責元武而已何謂近逃亡三日之內是也　何謂遠逃亡三日之外是也　何謂君子之類責德蓋陽德也君子屬陽君子良善尊長之稱也尊長良善何以有逃亡也或罣誤或逐往或全身以遠害不得已而逃與小人異也故當責之以德（甲己日寅之類）何謂責之以德甲巳逃亡則以月將加正時視寅德所臨之方而求之之類也假令甲己日寅加子上則往正北方江湖有水之處求之蓋子屬北方也

何謂小人之類責刑蓋刑陰也小人屬陰兇惡下賤之類兇惡下賤則責元武何謂刑以其無所竊而去也則不得謂之盜故不責元武而責以刑（刑者子日卯刑之類）是也

何謂責之以刑子日逃亡則以月將加正時視卯寅所臨之方而索之之類也假令子

日卯加寅上則往東北方林木處索之就是此皆逃亡三日內之論也
何謂視各屬之類神尊貴視太常之類也如尊貴視太常乘子加午則往正南方求之可得也若父視日德母視天后兄弟子女視六合妻視神后孫視登明女視神后姊妹視太陰傭工視朱雀奴視天魁婢視從魁之類此皆逃亡三日外之論也
何謂有所竊而逃者責元武蓋武屬盜有竊卽盜矣故責元武然當分武之陰陽人之男女而爲捉獲之異若子寅辰午申戌六陽神爲元武則逆數四位之神卽旬尾爲閉口謂之元武陰神亦所謂盜神也捉男子者須從盜神所臨之方而捉之如元武是子加亥逆數四位乃酉加申捉男子者卽西南捉之申屬西南也捉女子者卽於元武所臨之方捉之卽獲如元武是卯加寅卯卽武之陽也寅卽其所臨之方也捉女子者當在東北寅方也此元武第二傳之神爲陰捉男子者於陰神所臨之方捉之卽獲如元武是卯加寅此爲第一傳元武之陽也第二傳是辰加卯則辰爲元武之陰神卯又其所臨之方也捉男子者當於正東卯方也　經曰男子往陰女子往陽有互用之義也此以有

所竊而論者也

然則里數可算乎責德者視德之上下盤責刑者視刑之上下盤責類神者視類神之上下盤責武之陰陽者視武之陰陽上下盤以本家爲主用甲己子午九之數而合數之如寅臨子寅七也子九也卽以七九六十三而數之近則十六里旺增相倍死墓囚衰半休本數其里數明矣

然則所匿之處可算乎以其方向而又細推天官以決其匿於何人之處如寅加子是正北方子上乘三合六合者親戚朋友之家天后婦人之家天乙富貴之家螣蛇兇徒之家朱雀官吏之家六合牙儈之家天空獄吏之家靑龍豪貴之家白虎死喪之家太陰陰私老婦之家太常善人燕樂之家元武奸盜之家勾陳公吏之家以意消息之又合所乘將之類神而詳之得矣　以其方向而又細推詳二將之類神以決其匿於何地面其前後左右如覩也如寅加子子是北方此地是水澤之鄉東有橋梁墓田西有樓臺亭榭前有井後有牧羊之場之類以十二辰推論之其匿處豈有不明哉

然則四課三傳可不用乎奚而不用也凡類神臨干者外人獲來臨支者自來發用作日德或與日辰三合六合者亦自來三傳內日傳歸辰辰傳歸日者亦自來類神在課傳不空亡者可得三傳不離四課見類神者可得類神見而空亡者不可得見亦不來課傳俱不見類神者不可得亦費力類神上有遁丁有乘二馬者有乘龍合陰二貴而非本類神者皆不可得類神作死氣墓神又將惡者（白虎之類）其人縱欲來或病或不測而不可得課名斬關（辰戌加干支上）遊子者不可得此皆以課傳論者也　然奴婢之逃亡而與此占大同小異也始視類神（奴天魁戌婢從魁酉）課傳中臨干者亦外人獲至臨支者亦自至臨干之陰神者匿於鄰里之家臨支之陰神者匿於親戚之家類神不在四課日辰者去遠三傳不見者難獲餘皆以前占推之可也　然則奴婢其逃亦有占乎用陽或天魁與戌是男爲倡可用捉男之例課名狡童者亦然用陰或二后從魁佚女則是女爲倡可用捉女之例靡有遺者

占捕盜

所宜吉神

天目　關神　管神　長繩　朱雀　元武　勾陳　天獄　地獄　天牢　絞神

所忌凶神

青龍　六合　太陰　天馬　驛馬　五虛　謾語　外解　內解　天解　解神

血支　血忌

占法

捕盜之法責之元武。元武之外不必雜占。其大要有五。賊人避於何方。賊贓藏於何處。賊爲何等人。爲何等狀。與夫捕人之中用與否而已。然必視其可捕與不可捕而後可。詳其大要也。

如辰戌立於支干之上而課名斬關者。在庚辛申酉日尤眞。三傳見日鬼而日鬼上乘青龍六合太陰發用丁馬者。元武三傳皆比和相生者。元武第二傳爲盜神而盜神上乘吉將者。太陰六合青龍。盜神遁旬丁而天地盤比和者。元武是日刃又臨卯酉者。或克日皆不可捕也。

盜神天地盤不比和者，則視第三傳之門神為準

賊所逃家看盜神

賊匿何人之家以元武陰神爲主決之

元武收伏賊出走並所伏處

可捕之法。當詳賊人避於何方何以詳之。視元武之陰神而已蓋元武之第二傳之陰神卽盜神也　如盜神是子則賊在北方水澤江湖之所東有橋梁墓舍西有水畔樓臺前有神廟其家女人悲啼不明之事　盜神是丑則在東北州邑坑厠之傍或風伯雨師廟壇內或前賢將軍祠內或倉庫之側若曠野則橋梁平田及墳墓之所　如盜神是寅則在東方靠北林木之中曲隄之所或大木枯竹沽賣之家寺觀之傍如作本日貴人則吏家也　盜神是卯則在東方有大林木竹叢之中屈曲水徑前有舟渡近寺觀其家乃竹木之工車船之匠　盜神是辰則在東方近南隔崗嶺之處穴塚之中東有池塘傍有積尸之場或潭沼漁獵之所丹青彩畫之家　盜神在巳則在東南方窰冶之所東有樹木夏有蟬鳴春冬有馬嘶其家婦人主事　盜神是午則在南方爐冶鐵匠側有牛馬之物藏其中或其家儈販馬驢或巫家也　盜神是未則在南方近西隱伏土塚內向東四步或有井田常有人歌唱或其家牧牛奉鬼沽賣之處　盜神是申則在西南方近則州縣垣牆城闕之所遠則村野衝要之地大路之口或郵亭

盜神生處知贓物

馬舍之側。其家削礪之工金石之匠。　盜神是酉。則在西方。或地名金坑酒店之所。或近倡女之家。或膠漆工匠之家　盜神是戌則在西北。州郡營寨之所。聚衆之場。村居壘土閘壠。猪犬在門前。奴僕兵卒家也。　盜神是亥則在北方。居近水邊。或點水傍地名窩居之處。其家曾爲官吏。內有樓臺亭閣。門前有一小兒起猪。可問而取之。以此十二將類神消息用之。倣此細推。無有不中矣。然必盜神天盤比和者。方始可以此爲據。若上下相克。則賊不定。再視元武第三傳可也。　若其地里之數。則亦以盜神上下盤用甲巳子午九之數定之。　如盜神是子加亥。則子數九。亥數四。旺則四九三十六里。相則二十六里。休則十三里。死囚則六七里之數是也。然必因盜之久近。而方向道里或捕署爲主。或以失家爲主也。如被盜未久。在旬內者。則以失家爲主。而觀其方向道里。被盜久者。以捕盜之衙署爲主。而觀其方向道里也。

二。當詳賊贓藏於何處。何以詳之。視盜神所生之神而已。如寅爲盜神。則物藏廚竈爐冶中。　卯爲盜神。物藏窖竈窠櫃中。　辰爲盜神。物藏石碓磨碑下。　巳爲盜神物藏近厠浴堂廊廡牆垣下。　午爲盜神。物藏墓田橋井之中。　未爲盜神。物藏城牆神祠羽毛之間。申爲盜神物藏樓柱廩厠之間。酉爲盜神物藏溝渠水泊石灰籠匣之間。戌爲盜神物藏門戶石穴之中。亥爲盜神物藏柱磉神廚下。子爲盜神物藏竹木車船之間。丑爲盜神物藏花楹城庫之側。此亦以十二將類神消息然又當知陰生陽陽生陰之象也其方向則亦以盜神所生神之所屬而決焉如盜神是寅寅生巳巳屬南方則視東南方之廚冶是也。寅生巳。卽陰生陽。陽生陰。至妙之訣也。

三當詳賊爲何等人何以詳之視元武所乘本位之神而已如元武乘寅則賊爲吏人或爲道士人。卯爲經紀人或尼僧人。辰戌爲兇徒惡輩軍人或僕隸下人。巳爲手藝人或店舍爐冶人。丑午爲旅中客人或曾爲巫爲過軍官人。未爲熟識人或爲道人。申爲過犯人或兵人。酉爲金銀匠人或賭博花酒人。亥子爲水亥船上人或積賊及曾爲相識私婦人。旺相則爲少壯人休囚則爲衰老人陽卽是男陰卽是女。吉神併者豪縱之子凶神併者貧滑之徒皆以十二將類神及貴神類求之人可知矣若人之件數則視盜神隔元武之位數而數之如辰加酉爲元武初傳第二傳則是亥加辰亥是盜神也自亥至辰隔六位故知爲六人此所謂盜去本家知件數蓋盜者盜神也本家者元武也諸書解差惟集要例是亦必視盜神之旺相休囚而或爲增減或稱本數則又精矣

四當詳賊何等狀何以詳之亦視元武所乘本位之神而已如元武乘子是眼小輕細人女面相著黑衣下淡黃有靑　丑是大肚闊口人頑醜多髭身雄壯著皂衣下黃　寅是短矮美髭人手把斑貓愛騎馬著靑衣有裝裹　卯是胃瘦快走人著深靑衣假作醫人術士之狀　辰是目大眉粗鬍長兇相人著黃衣中絳衣愛漁獵　巳瘦長人會歌曲語言試以賊事差觸便交手　午是斜視身長人若捕時先見一疋赤馬後遇著靑頭戴紫裳色物便是　未是眼露頭白持服人其妻能作酒若說張三猶的　申是身林長白面有瘘病少髮人愛打彈丸著黃色與淡白衣　酉是身林粗長面上有斑點有聲响著白衣黃裹肚　戌是顏惡多鬍黑色少發聲人著半黃半白衣　亥是肥大配貌靑黑色背駝人著破衣手把傘此以十二神將消息若賊多則爲首者是其

形狀也。

若欲知姓氏則亦以元武所乘之神考其類神與其所屬五音而辨之加子屬商音姓點水傍字姓與孫齊謝耿姓之類如此則無所遁其形吾當詳其捕人之中用與否何以詳之視三傳中之末傳與勾陳所乘之神而已然不可並視也並視則惑矣如三傳中勾陳見則視其所乘之神

元武未神辨姓氏

勾陳生克察捕情

如勾陳乘神克元武乘之神則捕得 勾陳乘神作日德或作日刃或作天乙或是天罡則捕得皆中用也 若勾陳乘神生元武乘神者或與之比和者主受賄私通而不得 元武乘神作日刃而又克勾陳乘神者主為盜賊所殺害而不得 或勾陳乘神為元武乘神所克者乃為盜所捍格而不得 或勾陳乘神雖克元武乘神而彼值旺相此值休囚主賊勢太甚而不得 或勾陳乘神與元武乘神一同者主盜係親族以情縱而不得彼值旺相此值墓死者主捕人病亡而不得 彼辛此丙彼丁此壬彼乙此庚彼己此甲彼癸此戊彼子此丑彼申此巳主捕人之妻黨或捕人亦黨與之合夥而不得凡此皆不中用也或改捕或添捕而後可矣。

若三傳中不見勾陳。則當視末傳。蓋初賊中賊末吏此舊法也。故兼用之。如末傳克中傳者。捕得。如末傳與中傳比和。或相生者。捕不得其消息之法與視勾陳同例。　然必捕人中可用。而後可差委。又當明制元武之法。如元武是酉。則用丁命捕人。取火克金。又避丙之合也。則可捕之。盜萬無一失矣。然必審天時。明地利。察人情。三者備而後可至於遠年大夥賊徒。而不得其方向者。則以天目煞所臨之方而索之。如春占天目是辰。辰加子。例於子方索之得矣。占捕盜而遇地盤是月將。天盤乘元武者。卽可急捕之。所謂太陽照武宜擒盜也。若日入時不用。　元武作太歲者。京師捕得之。月建作元武者。州府勾捕得之。　元武作祿馬者。本處市井捕得之。　若夫克應之說。捕盜亦可記取。與前法參用。猶並行不悖。神應而不訛者。元武加酉。其賊內中有陳首。住西位有冲巖石。出金銀坑。有寺觀菴院下處。見一小兒騎牛。有數只鴉噪。報信良久。有人打兩砧自歇。　加戌其賊往西北。大路開店。行五里。見牧羊人問之。見女人知信。賊欲出亡。爲惡犬所傷而止。賊形有鬍鬚。賊性狠毒。與六親不睦。賊性愛畋獵。　加亥其賊愛猪。後門有惡狗。前門有女子官府公文貼在門上。見一女人於四里內。手把兩魚。問而知信。賊亦能漁獲。時有豬突來。　如加子。其賊方在廟還願。亦有女同行。行九里。女子欲哭而立。手把餅子。問而知信。其賊輕盈似女人。　加丑。其賊在東北。平田之所。有數頭牛。與殘疾人同居。喪禍之家。行八里內有一陣旋風。有龜鼈。　加寅。其賊在東北方。奉道。或看書籍。在大林木之間。行七里。見一斑貓。更又遇一道士。問之知信。方的。　加卯。捕人計火種知信。行六里。見人持傘來。行者術士相問知信。有雷雨。或見一兎子走。或見新造船車。　加辰。其賊裹紅巾。著青鞋。自岡嶺而來。項上有鬣。行五里。見一人持秤而來。問之知信。　加巳。賊方燒香。往鐵店持鐵器。行二里。見二女哭泣。見之知信。　加午。賊在窯冶中。與熟人視驟馬事。行九里。見人騎馬舉鞭而知信。　加未。其賊在園林邊。住三人。其一婦。門前有桃柳樹。前門有石槐。後門有窯。行八里。見人手把楊柳枝牧羊。問之知信。　加申。其賊在深源邊。造弓彈。行七里。見貧子手把竹枝。問之知信。有獵師知去路。良久兵馬至。賊就擒矣。此亦類神克應之理也。　外有盜自首自敗。相競相告。則事在不疑。何以占焉。

以子午爲來方。以二將所臨下方爲賊來方。陽日午下。陰日子下。以寅申爲去方。以二將所臨之下爲賊去方。陽日申下。陰日寅下。此二法者說亦渺茫且不必占也故略而不載。

未有為拟任人、元武在乙、攸在庚申月日麂、武在亥、攸在辛酉月日時、

占歲

所宜吉神

五富 祿神 無翹 金堂 玉宇 天喜 陽德 歲德 天德 月德 天願

所忌凶神

九焦 五虛 月空 金神 大時 死神 死炁 天賊 盜神 喪門 弔客

黃旛 豹尾

占法

大要視太歲爲主。如日上發用與太歲相生相合者。吉。日上發用與太歲刑冲破害者凶。詳視課傳與太歲相生相合者何神。木神其年宜菓木。火神宜小麥荳蔴絲綿。土神宜五穀蔴荳。金神宜交易貨賣金銀銅鐵賤而米穀貴。水神宜魚鹽蔴荳四足物賤之

類。詳視課傳與太歲相克者何神。如木神其年多風。火土神其年多陰晦瘟疫。金神多盜賊刀兵。水神太滂民徙。火神旱魃。所喜者青龍乘功曹入傳。太常乘從魁入傳也。所忌者太歲落空亡。及空亡加歲上。蛇虎乘神。克歲上之神。乘罡乘凶加歲月之建也。更以歲祿所臨。而定其何方為最熟。如祿臨午則南方最熟例。太陽周天卜之不誤矣。正月初一占。

大六壬尋原卷三終

大六壬尋原卷四

占田蠶

所宜吉神

天德　月德　德合　玉宇　金堂　天願　五富　六合　藏神

所忌凶神

三煞　五虛　月空　天火　死神　死炁　九焦　金神

占法

大要占田者。以日為農，辰為田。要日辰上下彼此旺相相生，而財神臨家長行年上，則豐登十分。日生辰，日上神生辰上神，五分。如課傳有財神，而家長行年上不吉，五分。辰生日。或辰上神生日上神，十分。又當觀類神所屬，以察其何種為今歲所宜。如木神主禾苗，寅早禾，卯晚禾。火神主黍稷紅豆。土神主田廬。丑大禾細。金神主麥，申大酉小。

水神主稻豆亥稻子荳　又當視課傳日辰以察其何田爲今歲所宜如課伏吟宜近田返吟宜遠田辰上神辰巳午未申卯宜高田酉戌亥子丑寅宜低田三傳財神旺相高低皆宜發用在日上兩課宜早種辰上兩課宜晚種　又當視田鄖以太歲加家長行年上看寅卯之辰臨於何方若臨子丑爲田鄖課傳中見此亦主大收　又當視蟲神辰巳未戌爲蟲神三傳見之主蟲傷鼠耗加家長行年上神制之無妨而占田之法明矣

太歲上神相生與否如有收 不上神見空亡破碎 [illegible]

大要占蠶者以日爲飼蠶婦辰爲蠶要日辰上下彼此相生而財神臨家長行年不吉五分辰生日或辰上神生日上神十分日生辰或日上神生辰上神五分　又當視蠶命之所屬而詳其所臨何如午爲蠶命未爲蠶葉申爲綿絮酉爲蠶僵戌爲蠶黃亥爲蠶死子爲鼠耗丑爲眠化寅爲蠶繭卯爲蠶絲辰爲蠶箔巳爲蠶筐如蠶臨寅上則收成可嘉其餘以意消息之　大段又要乘吉神如乙合龍常之類若勾蛇虎元朱空則不吉最忌與太歲相刑克害　又當視蠶年之所屬以詳其生克之何如亥子丑年居

申。寅卯辰年居亥。申酉戌年居巳。巳午未年居寅。如蠶年上神生蠶命上神則吉。蠶年上神克蠶命上神則不實。最忌蠶命與蠶年落空。蠶命尤爲最要。又當看蠶室以蠶婦行年加太歲。惟天上寅卯午未申乃利。如乘吉神者尤利。又當視葉。未乘朱雀虎勾陳太陰加子。皆主桑葉貴。午加未。葉賤。蓋桑屬未也。而占蠶之法備矣。

占六畜

所宜吉神

五富　玉宇　金堂　天德　歲德　福德　合神

所忌凶神

死神 死炁　五虛　厭對　金神

寄見卯收 午收十二月
行十二支

破碎殺 酉ー正四七十 巳ー二五八十一 丑ー三六九十二

占法

以日爲主。辰爲畜。辰上生日。則畜易長。日上生辰。則人多勞苦。辰上克日。則餵養有傷。日上克辰。則百物難養。三傳財神旺相則吉。三傳財神休囚則凶。詳辰上之天官以參

六畜

人事。如辰上神刑干帶破碎煞者。亦有妨於主人。若所乘天官又凶尤驗。乘蛇主非搆。乘勾主爭鬭。乘朱主口舌。乘虎主死亡。乘空主虛耗。乘元主盜賊。乘后主暗昧。以物買日正時占之。審矣。詳本屬之所臨。以定衰旺。牛屬丑。馬屬午。羊屬未。雞屬酉。犬屬戌。猪屬亥。驢騾卯。鵝鴨之類亦屬酉。貓屬寅。以五行生旺死絕。看其臨於何處。而决其衰旺。假令牛屬丑土。則長生於申。敗於酉。祿於亥。旺於子。病於寅。死於卯。墓於辰。絕於巳。胎於午之類。若空亡或乘空臨空。必然損矣。最喜者屬臨生旺。而神將皆吉。最忌者屬臨死絕。而神將皆凶。如乘元走失。乘虎災病。而子爲屠戶。寅爲牗師。巳爲竈。酉爲刀砧。課傳三者並見。又血支血忌死神死炁併之。必爲人屠戮也。若走失者。亦視本屬所臨而尋之。如失牛看丑臨何辰。臨午則火土相生。必得其所。臨寅卯。非繫卽屠之類。若本屬乘元空主賊偸去。乘合陰主人藏匿。乘乙朱在貴宅。臨日辰卽日歸。其走遠者。以天上本屬去地下本屬幾位數之。如去六位。旺則六十里。休囚十六里。相則二十六里。此占六畜之大較也。

占漁獵

所宜吉神

日馬 驛馬 德神 合神 祿神 六合 五富

所忌凶神

五虛 大煞 小煞 天獄 地獄 游禍 金神 往亡

占法

以日爲人。辰爲物。日爲網罟弓矢。辰爲鳥獸魚鱉。如課內日上克辰得。辰上克日不得。日上生辰上不得。辰上生日上得。辰上旺相。長生入墓。帶生炁皇恩天赦日德支德不得。辰上休囚死絕刑冲破害犯死炁刀砧破碎血支血忌得。日干加午不得。日干加卯得。而所得者。以類神詳其何物。如類神作日財日傷食日印者是。又視其生旺死絕何如。不拘課傳皆可。如子爲鼠屬。丑爲山牛。寅爲虎豹。卯爲兎鹿狐貉。辰爲蛟龍。巳爲飛鳥蛇蟲。午爲馬獐。未爲山羊。申爲猿猴。酉爲雞屬。戌爲山狗。亥爲野獸魚鱉。如伏吟加本位。或不加本位。而加子加亥。則不可得矣。作空亡。得之宜速。緩則遁矣。

占奴婢

所宜吉神

德神　合神　無翘　福德　天願

所忌凶神

月空　五虛　天賊　歸忌　往亡　血支　血忌　厭對

占法

以日爲主人。辰爲奴婢。而奴屬戌。婢屬酉。如辰上神生日上神。或辰自生日。又乘吉將。如乙合龍常陰空之類。而三傳支德發用。不空陷刑害者。奴忠婢良。如辰上神克日上神。或神自克日。又乘凶將。如勾蛇虎朱元之類。而三傳日鬼發用。又傳刑害空。則奴奸婢惡。酉、戌乘龍。則奴婢可託。酉戌乘六合。則奴婢將逃。酉、戌加太歲。則奴婢災刑。酉、戌作空亡。則奴婢不久。酉、戌所臨之神生我日干。吉也。克我日干。凶也。酉戌臨干克干。彼必犯主。不可留也。

酉戌臨支克干彼必無成不必留也。捕捉走失者。大抵與捕盜同。如四課不同類神。走遠。三傳不見類神。不獲。類臨干。外獲也。臨支自歸也。類臨日之陽藏匿鄰里家也。臨支之陰。藏親戚家也。餘詳捕盜占法。

占埋葬

所宜吉神

天德　月德　歲德　無翹　聖心　天馬　驛馬　五富　天願　益後　續世

玉宇　金堂　陽德　陰德　福德　喜神　就德　天喜　合神　祿神

所忌凶神

劫煞　災煞　歲煞　月煞　大煞　小煞　喪門　弔客　黃旛　豹尾　歸忌

往亡　月空　厭對　大時　天獄　天火　天賊　死神　死炁　五虛　金神

占法

以日為生人。辰為亡人與墳。凡辰生日。辰上神生日上神為吉。辰克日。辰上神克日上神爲凶傳生日者吉日生傳者凶凡已塟之地欲安穩不欲刑害未塟之地欲生旺不欲破敗以亥爲天柱　寅爲青龍　申爲白虎　子爲水　以元武所乘神爲主山如乘寅則寅爲主山所對爲案山課傳並見則數者俱全如缺寅時寅龍不足之類而其凶吉則視上神如何如寅是青龍上神是亥則相生爲吉上辰是酉則相克爲凶又當視天官之吉凶何如也以青龍爲來龍以日鬼之墓爲墓如青龍與墓相生合而無刑克者吉反則凶　以天貴十二辰定其所蔭若貴順傳見四孟者蔭長貴逆傳見四仲者蔭次日辰上見四季者蔭末以辰上之所乘定其所應如人生年馬與造日塟日馬所占時馬倂天馬或丁神臨辰主遷移不定蛇雀飛廉破碎空亡天鬼大煞伏殃臨辰主怪異蕩廢六合元武作辰鬼臨辰主門戸不潔若吉神良將旺相生炁臨辰之上下不相克害則人鬼咸亨富貴雙全大吉

以五行之發用定塟後之吉凶

以辰陽辰陰定死生之臧否死墳視辰陽即第三課生墳視辰陰即第四課死墳大略已見前矣生墳忌見死神死炁支破蛇虎加臨辰陰尤忌克日與克日上神而五姓冢墓之說宮羽姓墓在辰門陌在庚喪庭在甲商姓墓丑陌庚穴丙喪庚角姓墓未陌甲穴壬喪丙徵姓墓戌陌丙穴甲喪壬若上神得寅申

臨之。主大吉富貴而所重者墓也。

天杜太歲之說。以亥上加太歲。但取天盤寅申巳亥下爲吉地可用也。亦可參看。

若欲知墓下何物則視課傳五行之所勝者而決之假令金勝則其地多高岡大原下有骸骨瓦石金銀銅鐵等物。

若欲知墓防有何物則視丑未卯酉之所臨者而決之以月將加正時大吉下有伏尸。小吉下有腐木。從魁下有磐石。太冲下有湧泉。餘皆無物。占無餘矣。

占出行

所宜吉神

二德　合神　二馬　吉期　兵寶　六合　喜神

所忌凶神

上朔　往亡　歸忌　死神　死炁　大時　天吏　游禍　三煞　天賊　盜神

五虛

占法

以日爲人辰爲行意辰上克日上不行辰上生日上必行細分之

日臨支辰者魁罡臨日辰年命者天驛二馬及丁辰臨日辰或發用者日上旺相斗罡加季者巳亥加卯酉者反吟見丁馬者必行也　墓臨日干者辰上墓日二馬三合六合或馬値空亡馬臨辰生者日上休囚斗罡加四孟者日辰上下相克而用起貴人者日墓發用無冲破者伏吟無丁馬者不行也　白虎乘子午二馬在傳在天乙前者急行也魁罡加日本者不得已行也　日上神吉宜陸行也　辰上神吉宜水行也　臺土辰加辰。關格辰加午辰加酉管籥發用行人四滯也　辰戌乘六合加卯酉官鬼朱元陰加財爻行人私遁也　發用子午申辰命上凶神相克不得行也　傳見太冲乘蛇虎舟輿壞也發用天盤地轉申加巳戌申加辰亥防摽掠也　元虎乘日鬼發用驚盜併也此皆所當愼者惟戌加申辰加寅臨日辰年命上作用則利有所攸往矣

寄宿而占則視日辰日爲客辰爲主若辰上凶神惡將克日者辰上加蛇虎魁罡者辰

上登明乘空者辰上見酉午者與行人命上見二后者俱不可住宜急去之無此數者方可留也

迷家偷出者向天罡所至下求之

憂家而占則視天官發用乘貴常龍合陰則家內平安雀主口舌蛇主驚火勾主爭訟虎主災病元主盜失要日辰上下旺相相生爲吉

迷路而占則視天罡加孟路在左加仲路在中加季路在右如不明但丑未下求之得巳亥下可宿也

天罡下行步百步得正路　口尚未下行步八十步得正路

飢渴而占則視丑未求食向大吉下求飲向小吉下也

見人來而占者則視丑未神后加孟良人加仲商賈加季奸惡

其船上來者則以天罡決之加孟吏人加仲商人加季奸惡

具刀杖來者則以日辰視之子亥巳卯相識爲賊辰戌寅申爲吏酉午逃亡丑未送喪若神后乘卯寃仇也

聞鼓噪而占則視方向視闘方上見乙常是尊貴喝道青龍合是鼓樂喧譁勾陳爭訟

朱雀官吏口舌。天空白虎相殺。或畏喪。太陰祭祀神廟。天后陰私爭訟。

若路上有人送酒食來者。則視日辰上寅戌午卯加之。不可飲食。餘無妨碍。

若出行欲察訪密事。須於天目酉下。天耳卯下。察之必得其情。而出行之占備矣。

占訪謁

所宜吉神

二馬　二德　合神　歲德　福德　五富

所忌凶神

遊禍　天獄　天火　大時　往亡　月空　天吏

占法

以日爲己。辰爲彼。若日上空亡。我必不往。辰上空亡。彼必不來。亦不見。辰生日。訪之有益。辰克日。訪之無益。日貴發用。往而不見。斗罡加孟。必見。加仲可見。加季不見。小吉臨辰上必見。巳亥加日上必見。用神與所往方神合。必見。知所往方。是寅而用

此乘字當作加字看指地盤而言也

兩貴交受克難干求見貴人差送事失公左

貴在十二宮事不宜進

必之往日後宜俟候

神是亥爲六合。所往是寅。而用神是午。爲三合。皆必見者例也。 又當視所謂之類神。
見大貴視天乙。見臺省部院視太常。見二千石視青龍。見將軍視勾陳。見長吏視朱雀。
見婦人視陰后之類。如類神臨日辰發用。必見。落空不入傳課不見也。
又當視貴人而決見否。若天乙與日辰相生。貴人喜悅。天乙與日辰空克。貴人嗔怒。若
天乙乘子可見。乘丑在家不出。乘寅出。乘卯舍北車船去。乘辰有病不出。乘巳近出明
日歸。乘午可待。乘未飲酒。乘申遠出。乘酉在家或途中相遇。乘戌出。甲乘亥可待。如日
貴臨日辰發用必見。如日夜貴相加在貴人之家有事難見。 又當視日德之陰。如甲
日得寅而地盤之寅乃日德之陰也。視其上乘何神。如乘乙貴人喜悅。乘蛇貴人口舌。
乘朱彼有文書事。乘六合彼有交易事。乘勾須防鬭爭。乘龍我可求財。且求無不得。乘空
有虛詐。乘虎彼有孝服遠信事。乘常彼有飲燕。我當登庸。乘元彼有失財事。乘陰彼有
陰私事。乘后彼有婚姻事。 又當視課體。如伏吟柔日昴星往而必見。 貢物而不知
受否。則視日辰。辰克日必受。反此不受。投書而不知達否。則視朱雀所乘神與貴人所

乘神相合則達否則不可達。有求而不知遂否則視類神如求財物視青龍求文書視朱雀求酒食視太常若乘神與日相生合或加臨日神發用必遂否則不遂此皆訪謁之占法也

占交易

所宜吉神

天德 月德 合神 六合 喜神 祿神 五富 福德 玉宇 金堂 聖心

天願

所忌凶神

五虛 天賊 往亡 大時 死神 死炁

占法

以日爲人辰爲物買物以辰爲我日爲彼用神爲物賣物則以日爲我辰爲彼用神爲物故日傳辰則買物成辰傳日則賣物成日辰俱吉則物貴宜於賣也日辰俱傷則物

賤宜於買也日財旺相物雖濫惡而必售日辰上乘青龍而日辰克之物雖珍寶而必獲日吉辰傷物雖售而利少日傷辰吉售雖遲而利厚類神乘蛇而帶囚死價雖賤而不中而其物則視類神如子爲絲綿之類若物類與日辰相生三傳旺相更得良將吉神或見成神易賣而有利類神與日辰比合三傳旺相更得良將吉神或見成神其物易買而可居若物類不見課傳雖見而空亡入墓休囚無炁與日辰相刑害者則買賣俱不得至其交易所宜之地則視青龍所臨之方與驛馬長生所臨之方而往利三倍矣

占失物

所宜吉神

天德　月德　陽德　陰德

所忌凶神

五虛　死神　死氣　往亡　大時

占法

以日爲自己辰爲他人所失之物視類神。與交易占類神同。凡類神見課傳而不乘元武。不落空亡者當於類神所臨之地尋之。假令珠金銀類神是酉。若加子上則當於房內尋之。蓋子爲房也。若子加卯則於房內東方尋之。蓋卯爲正東方也。類神不見或見而乘元武者。主爲人盜去。如元臨卯辰巳午未申則白日盜去。元臨酉戌亥子丑寅則夜間盜去。或見而落空亡者則遺失不獲。若辰上天空空亡而不見元武者家人隱藏也。日上乘太陰隱藏之人不密而可尋也。若太陰六合與類神三合六合亦可尋。類神見勾陳人勾而終返也。類神作長生或入墓雖失必得也。類神臨日辰本命不失也。貴人順行元武不見自遺失也。貴人逆行元武入傳斯被盜也。若疑家人爲盜而不知孰是。貴武臨行年上者是也。若失物爲賊所盜而不知其爲何人則視元武之陰陽旺相可前知也。武乘是陽則爲男人。是陰則爲女人。旺相爲少壯。休囚爲衰老。若知物爲賊所盜而不知獲否則視元武克制何如也。如日上神制武所乘神必獲。若太歲制者年內獲。月內制。

月內獲行年上神制者亦可獲否則不可獲矣　至於課體占者如知一鄰家取見錢家內尋伏吟盜未出門龍戰家人寄鄰贅壻可見斬關難覓之類占失物者可參見也

占詞訟

所宜吉神

二馬　二德　合神　歲德　喜神　曾護　陰德　解神　蠲神

所忌凶神

天吏　天獄　往亡　上朔　厭對　天牢　勾絞　關神

占法

占訟須分內外。內而與家人訟則以日爲尊者辰爲卑者外而與他人訟則以日爲原告辰爲被告

無對頭者以日爲官辰爲己故觀日辰之克制吉凶而勝負自明如日吉辰凶或日克辰則尊者與原告勝辰吉日凶或辰克日則卑者與被告勝日辰比和則和合矣

當其投狀也則視朱雀如朱雀乘神與天乙乘神相生合或比和而初傳生日干者狀准反是不准　及其狀准也則視勾陳如日克勾則詞得理勾克日則詞失理　天空乘日辰年命而闗神入傳與墓神覆支干年命上而又自投墓者主監禁遇鑰神卽出鑰神者春巳夏申秋亥冬寅　若自墓傳生或冲墓亦出　曲直傳作而克日者主枷杻　勾陳乘木神克日與白虎落獄大獄亥爲者主枷責　勾陳陰神化虎帶凶煞如破碎煞大凶而傷者主重罪　勾陳乘神化貴帶生炁而生日者主釋放遇貴而脫　勾陳俱克日辰者主刑賊　勾陳比肩日辰者主不決視日刑而定罪其法以寅午戌日見午爲正刑巳酉丑日見酉爲正刑申子辰日見辰爲正刑亥卯未日見亥爲正刑如遇一刑見笞罪二刑見大辟又午爲火刑酉爲金刑辰爲土刑亥爲水刑亦當消息之

傳用而審衙門如遇太歲朝廷月建臨課傳司道月將部院亦須分日辰辰課月建府州縣日課月建司道　乙龍常后所喜神也勾雀虎蛇所忌神也　朱雀閉口旬尾之訟枉難伸　白虎閉口訟疑遭罪　斗罡臨日子孫在傳與貴人履獄如辛日貴臨戌乙日貴臨辰也囚

禁破出也若天后臨門（酉卯）而加日辰與三傳作日之印重辟猶難也吉神乘太歲與吉殺併（天皇恩天喜天德天馬德日之類）而臨日辰與發用者恩赦至也　天乙傳六合太陰自訴克宜也　天乙順治而加日干理可待也（直者勝曲者負）天乙順治而交加（晝占得夜貴夜占得晝貴）多疑暗也　貴人傳而克日宜改換也（換官可勝）貴乘勾而克日被拘收也貴人空亡不結案也　貴人克害遭曲斷也（貴人克日傳克害貴人皆是）首尾行迴（旬首加旬尾旬尾加旬首乘日辰）初絕末生（初傳日絕末傳生旺）事再發也　六害三刑凶神惡將若見之於日辰發用者訟必負也　元武乘神敎唆鬼也（須察類神定其爲何人）神后所臨避罪方也則訟不可已乎　至於決大疑重獄而欲得囚之眞情者則以日爲己辰爲囚己坐於制囚之方則彼當吐實（若日辰上見天空囚忍楚不吐）斯亦理之足據者附書之

占怪異

見所不常見聞所不常聞則爲怪異故於見聞異似之間定式視之課傳內有螣蛇現者日辰上有直符大煞月厭臨者怪異斯眞而不知其爲何怪也當視神后所臨之辰

可辨。如神后加子。又當視螣蛇之陰神而可晰。如陰神作生氣旺相爲怪者。必是活物。死氣休囚。必死物也。怪異明矣。然其占人年命上吉神良將雖怪何傷。必占人年命上惡神惡煞怪咎成矣。亦當修德以禳之。

若見暴風起於庭內而占者。則視方向。如風自天乙上來。則貴人出遊。　蛇上來。火燭驚憂。　雀上來則有口舌官訟。　合上來則小口不安。　勾上來則惡人宜避。　龍上來則有人徵召。　空上來則卑小訟獄。　虎上來則疾病喪弔。　常上來則酒食當慎。　元上來則盜失須憂。　陰上來則奸私事起。　后上來則婦女有災。　又當視日上神將何如。吉凶災喜隨方向而消息之。

見虹霓入於宅內而占者。則視日辰。剛日視日上神。柔日視辰上神。如吉神良將加於日辰。三年後必生貴子。日上神是陽神貴男也。日陰神貴女也。如凶神惡將及死墓刑害加於日辰。主人離財散。

見井泉自溢而占者。則視日上。如吉辰臨日。暴富身榮。若乙龍加日辰相生。主生貴子。

日上若不吉主離居。

見樹木自枯而占者。則視年日。視行年與日上俱吉者無妨。凶者主災病。或主分居。若年日上乘元武。主准應盜賊。

見什物自動而占者。則視日辰。日辰上吉而旺相主財喜。加官。日辰上凶而囚死。主遷徙疾病。

見鳥糞汚衣而占者。則視天罡。罡加孟口舌。加仲失財。加季反得財。如日辰上凶甚。則主喪服。

見蟠蛇當道而占者。則視日上。如日上神能制螣蛇則吉。反制則凶。日上乘天乙青龍天后主喜慶。太常主酒食。勾陳主鬬狠血光。白虎橫屍道上。朱雀火燭驚非。餘神平。蛇順去則吉。逆來凶。　倘見蛇交者。視天罡加孟官病。加仲同姓婦人災。加季吉。如在水火交界處。主口舌。

見大鼠往來而占者。則視日用。如太陰加日上臨辰者。主地方有暗算之人。如用起元

武者主防盜賊之失餘並以日用上神將吉凶斷之聞其異聲者吉則財喜凶則火盜以日上年上視之

見螻蟻羣聚而占者則視聚處如聚門戶者盜賊驚危聚井竈及牀者濕病沉痾聚中庭者家散人稀聚棟宇者火光將動聚刀砧者血災聚櫃中者囚禁聚衣巾者死喪聚車船者憂若加日上年命上吉者則無事

聞甑釜鳴而占者則視年日如日上行年上吉或乘乙龍者主貴人入宅如日上行年上凶或乘勾虎蛇元者主宅舍不安當應驚徙

聞犬吠而占者則視日辰日辰見天罡登明虎遇傳送生人太沖樹倒勝光風吹草水聲河魁行人至大吉虛聲不然人來小吉客來求食功曹主官事或人至

聞牝雞鳴而占者則視從魁如天乙乘酉主吉慶傳將空亡主虛鳴春叫憂秋冬主憂夏主男孤女寡如非時鳴者課用怕見邱墓螣蛇加辰酉禍緩酉戌禍重隄防災喪至於禳之之法則視魁罡二后者方見告星告斗丑未貴鄉者祭竈祭土然不若修德之

愈也。人知门。已晴從未人行年上神其日上神相生為吉，相克為凶人。又以日上所見之神決之

占射覆　子下好盜，支是雀合，乙支宮見，宮人備工，足肖府向咲，山乞丐

大小數近日　之求覓飲食　亭行人

占法

剛日視日上神柔日視辰上神而以發用參決之中末傳未必視。其詳當另具一書其略則附之也。

以課體占則潤下爲近水曲形之物。炎上爲近火尖虛之物。曲直爲形長草木之物。從革爲彩方金鐵之物。稼穡爲土產圓厚之物。伏吟爲近物。亦水邊伏匿之物。反吟爲遠物。亦道路往來之物。陰陽不備則不完全之物。惟此八課射覆宜用。

以發用占則用起月建前者爲過去物。用起月建後者爲未來物。用起月建者爲現在物。

以十二辰占。則子爲絕水之類。

以十二神占則天乙其物黃白之類。

以數目占。則甲己子午九之類旺則乘而倍進。休則從本數。囚則上下相乘。相則乘而進。死烝減半。空亡刑害減去二分。假令巳加辰。休則巳四辰五爲九。囚則上下相乘爲二十。相則乘而進作四十。旺則乘而倍作二百也。死則減半只作四數半空亡刑害減去二分。九本數。病去其六。只作三數也。

以五行占。則占色者當知金色白。縹木色青碧。水色黑綠。火色赤紫。土色黃褐。旺從本色。如金旺則言縹。相從子色。如金則言黑綠。休從母色。如金休則言黃褐。囚從鬼色。如金囚則言赤紫色。死從妻色。如金死則言青碧也。

以類神占。則於神將所屬類神中求之。

由是而占物之生死。則以旺相長生爲生物。囚死刑墓爲死物。　占物之方圓。則用起孟爲圓。仲爲方。季爲尖碎。　占物之有無。則日辰上與發用上天空空亡無物。餘皆有。　占物之左右。則天罡加孟左。加仲右。加季左右皆有。　占物之覆仰。則罡加孟仰。加仲中正。加季覆。　占物之殺𣪘。則占殺者當於漁獵中占三十六禽依類言之。　占蔬類者。子爲白芥菱芡。丑爲野菜瓜蔞。寅卯爲園菜蔓菁。辰爲菠薐。巳爲萵苣。午爲茄子。未爲蒿蘭。申爲鵞頭莪菌。酉爲韭葱蘿蔔。戌爲馬莧葫芹。亥爲芸臺葵子。合而言之。長生者物新。小沐浴者物滑澤。冠帶者物枯朽。臨官者新壯。帝旺者近貴。卽用自衰至養者廢舊不堪。旺爲圓軟。相爲方嫩。死爲直破。囚爲細碎。休爲輕形不全。大都旺相者其物新而完。囚死者其物缺而舊也。

至用以姓字占者。則剛日視中傳。柔日視末傳。以干之辰決之。如子商姓。孫齊謝郝江阮孔虞任范賀杜耿聶沐漆汪之類。餘仿此。

推命綱領

推命之法。先將年月日時推定。再推是何月將。卽以月將加時。法立成課體。然後將貴人十二宮。行年月令。大運小運(小運卽行年也)。神煞安身安宅。以次佈列。玩而占之。如秋月寒潭。照人毫髮。纖悉不遺。富貴貧賤。壽殀窮通。瞭如指掌。

演課式　假如甲申年。甲戌月。庚寅日。壬午時。左命。其時當用辰將。卽以辰加午一課列後。凡學者宗之。

十六　十四　十二
青　六　蛇
午　辰　寅
甲　壬　庚
十八　十一　十五
少初限二十九年
壯中限三十二年
老末限五十三年

青　午　庚　午
六　辰　午 神煞 八井 勾 田宅　巳
后　子　寅 神煞 卅三 六 男女　辰 宅
元　戌　子　卯

神煞　神煞　神煞　神煞
廿四　十五　七歲　七七
青　空　白　常
兄弟　財帛　命宮　相貌
午　未　申 遇行年 身　酉
身 戌 福德 元 七十一 神煞
亥 官祿 陰 六七 神煞
卯　寅　丑　子
奴僕　妻妾　疾厄　遷移
朱　蛇　貴　后
卅九　四六　五四　六三
神煞　神煞　神煞　神煞

十二宮例

一命宮。二財帛。（如女命改作妝奩亦可。）三兄弟。四田宅。五男女。六奴僕。七妻妾。（女命改良人。）八疾厄。九遷移。十官祿。十一福德。十二相貌。　如上甲申年一課。卽以天盤申字爲命宮。未字爲財帛。依次逆安。

安身例

如生人之日是甲子。甲寄在寅。卽以寅字爲身宮。如壬午日。壬寄在亥。以亥字爲身宮。總依天盤。定盤不算。如身宮落在地盤亥上。名身登天門。

安宅例

如甲子日生人。子居丑位。天盤丑字爲宅。居未。以未爲宅。

月令起例

月令。卽小運也。如行年在子。以子爲正月。亥爲二月。行年在午。以午爲正月。巳爲二月。依次逆行。便知何月吉凶。

大運起例

大運行法。與子平異。用大衍數。從命宮逆行。太衍數。卽子午九。丑未八。寅申七。卯酉六。辰戌五。巳亥。四是也。　如上甲申年一課。以申爲命宮。申乃七數。便知七歲起運。逆行至未。未乃八數。加上七數。則十五歲至財帛宮。從而加之。觀其生尅。則運限之吉凶明矣。

小運起例

小運卽行年小限也。如甲子旬。男起寅順行。女起申逆行。詳壬學發蒙。

三限起例

三限者。卽初中末三傳。主人之少壯老三限也。如初傳是寅。寅乃七數。位居地盤亥上。亥爲四數。其幷之得四七廿八。再減半得數十四。仍以地盤亥上四數加之。得十八年爲一限。餘可類推。當看其神煞吉凶生尅比和。而斷其三限之得失。

二十四格

正跨青龍　如生人本命是子加於寅乃青龍命帶吉將並羣馬生合學堂於課傳身宅無遇破格之神便主極貴臺閣之命若他處有帶蛇虎來冲尅壞其貴氣則不美矣名跨龍不住。

倒跨青龍　如生人本命是子寅乘青龍加於其上則龍返來就我而我得跨之故名倒跨喜課傳扶助吉神良將加護則主大貴富之命如來冲尅更兼空亡或自敗氣者則又不然矣。

隻騎龍背　如生人本命是辰加於寅上或寅加於辰上皆謂之隻騎最怕申戌來冲喜傍官生扶比和吉神吉將拱護則主富貴奇局如課傳中有凶神惡將來冲尅損傷則非是格也。

二龍御命　如生人本命是子遇寅加於辰上又辰爲上龍加於寅上課中只有此一貴氣之格最怕無氣冲尅反嫌合神合去一龍則不爲之御命矣若再遇凶冲尅身命爲二龍傷命必爲窮困之命更復爲至賤之人也。

龍化土蛇　如生人本命是寅。加於巳。爲蛇之本家。更有螣蛇乘之。此爲賤命。返喜來沖。更喜合去蛇之乘神爲福。吉返怕吉神陷於蛇口中。生終有大志而不伸也。此格多生富貴之家。

土蛇化龍　如生人本命是巳。或帶螣蛇臨於寅上。前後吉神良將拱護。又太沖六合居於有力之地。則化之易。且更顯也。倘龍作空或被沖。則爲之化而不化。返主賤也。此格多生貧賤之家。

乘虎登天　如生人本命是午。帶白虎臨於亥上。或本命是申。加亥上。亦是此格。固喜吉神將。亦不畏凶神將。沖合俱宜見也。惟怕無炁。此格主威鎮邊夷公侯之命。如逢無氣。便爲無賴惡徒也。

履虎尾格　如生人本命是未。或本命臨未是也。若逢吉辰良將扶助。亦爲有福。不見吉神良將。便爲術士吏卒之流。喜見沖合。不怕無氣。猛則虎驚。不猛則虎要睡也。有狐假虎威之喻。

立虎首格 如生人本命或酉或本命臨酉是也。此格主人折衝萬里。功名蓋世。若無氣或將亦無氣。徒立虎首而抱驚懼之心。有不敢出顯之象。不畏冲合。最喜有乘而遇吉助也。

雙騎虎背 如生人本命是申。又乘白虎。此最喜制服。不問神將吉凶。最喜有氣。此人必有猛烈剛傲之性。而人不敢犯。武則好殺。文則輕刑。有清正之風。無媚諂之氣。乃英豪也。

虎化狸格 如生人本命或申加戌上。或帶白虎臨戌上。其人必爲軍卒吏役。或凶惡悍徒也。再無氣並空。乃爲朱門餓莩。如逢吉神將。上下逢冲合而終不化也。有半福之象焉。

狸化虎格 如生人本命屬戌。加於申上。或帶白虎。再得寅立於得力處。更要有氣。遇吉神良將帮助則化矣。否則不能化也。此應白屋出公卿之喻。大抵化則貴。不化則賤。不可一概而論。

命司天門　如生人本命之神。加於亥上。帶貴常龍后合朱。並四馬皇書皇恩學堂城吏方。爲得司天門。決爲樞秘之職。若凶將並空亡。或別有冲尅。皆不得司也。輕則減福。重則下流矣。

天門不開　如生人本命之神。作閉口臨亥。或亥作閉口。皆爲不開。格主有大志而不得伸。乃寒儒之命。須別宮有神冲之刑之。或可少發福也。

明入天門　如生人本命作太陽。或亥自作太陽。本命立於其上。爲明入。主富貴。不怕冲克空亡。忌無氣。恐爲寒士。

暗入天門　如生人本命上乘玄武。臨於亥上。或亥自作玄武。此神喜夜而不喜晝。再逢旺氣。有魁罡厭煞照臨。定爲綠林中豪傑。或作亂世之奸雄。如無氣逢良善之神將。或爲猥瑣之小使也。

坐守地戸　如生人本命加於巳上。帶貴常勾空。主爲看財虜也。最喜有炁。若無炁亦可爲中人產業也。若無氣再帶凶將。而將又無炁。主至貧薄之命。

夾拱地戶　如生人本命是辰。加於午上。乃往來夾巳在中。格之極。富倘別宮又遇文明之星照應。則主以財得官。最喜有氣帶吉神將。忌冲尅。如有冲尅更帶凶神將。則不以富貴取之。

朱雀束翅　如生人本命上乘朱雀。臨亥子丑之處。朱雀落水。爲之束翅。主有七步之才。而不得展也。或別宮土多。朱雀得免水患。或見木神。雀得升騰。稍有微福耳。

朱雀騰輝　如生人本命帶朱雀。臨寅卯巳午之上。東方木氣受生。南方火氣並炬。故爲騰輝格。主文章蓋世。官由翰苑。如無氣更帶凶神將。則爲寒儒也。

四墓交錯　如生人本命屬土。加於四土之上。主人豐厚有財產。倘別宮透出秀氣。官祿顯露。學堂印殺加拱。又當以貴論。如時合無氣。再帶凶神將。則不見其富。而見其貧困也。

河魁貫甲　如生人本命是戌。加於寅上是也。宜修武業。如別宮透出文明之星朝拱。

乃文武全備之貴命。最喜有氣。而忌無氣者。無氣又被別宮冲破。不以此推也。

甲貫河魁　如生人本命是寅。加於戌上是也。其取用與河魁貫甲相近。若有氣得吉神將扶助。則卽爲貴命也。

朱勾拱拜　如生人本命是午。加於辰上。或本命乘火者。臨辰上。其命有氣。主人性剛好辨。有傳貴。若無氣。徒抱不平之氣。逐日訟鬬之人也。

一十六局

庚星呈瑞。三合金局從革也。　祥光搖拱。三合火局炎上也。　帝座淵穆。三合水局潤下也。　靑帝施恩。三合木局曲直也。

穩坐中宮。四季土局稼穡也。

以上五格。喜生命生身。更有吉神將扶助。別宮有情。且居時令旺氣。則爲富貴奇局。如刑害冲破其身命。更帶凶將。別宮又無情。又當以輕重較量榮枯也。倘在空亡。分三服之優劣。究始末之窮通。

北斗司權。三傳亥子丑也。**南極獻圖**。三傳巳午未也。**西方專美**。三傳申酉戌也。**東海探珠**。三傳寅卯辰也。

以上四格。皆取各方秀氣爲三傳。喜生命生身。更有吉將扶助。別宮照應有情。更居旺相氣。則大富貴之命。如刑害冲破其身命。更凶將入傳。別宮無情。又當以貧薄推也。其三傳之有情無情。而少壯老之三限係焉。

坎離交泰 如本命是亥子丑。臨於巳午未。或本命是巳午未。臨於亥子丑。乃返吟三傳也。最喜有氣吉神將俱集。則主發福。如無氣更帶凶將神煞。則始終貧困也。

兌震投合 如本命是寅卯辰。加於申酉戌上。或本命是申酉戌。加於寅卯辰。亦返吟三傳也。其所取用與前命同看。

周天守躔 如生人本命。坐本宮而不動。自本宮而作三傳者。最喜丁馬有氣入傳。更帶吉神良將。則生發富貴。不然則不以富貴取也。

海雲雙秀 如生人本命是寅卯辰。加於亥子丑上。或命是亥子丑。加於寅卯辰上。連茹間傳等。從命上發用入傳。是此格也。喜吉神不忌冲合。若帶罪煞。乃秀而不秀。反不貴也。

林火揚光　如本命是寅卯辰加巳午未之上。或命是巳午未加於寅卯辰之上。從命上發用入傳。或連茹間傳。皆是此格。其取用同前。

金含北極　如生人之本命是申酉戌。加於亥子丑之上。或命是亥子丑。加於申酉戌之上是也。或連茹或間傳等。從命上發用入傳。皆是喜吉神將。嫌空破煞。遇德祿二馬等旺相。則大發達。若休囚無氣。則不爲合矣。

火明西嶽　如生人本命是巳午未。加於申酉戌上。或本命是申酉戌。加於巳午未上。從命上發用入傳。更旺相有氣。無蛇虎凶將惡煞。遇吉扶助。則必崢嶸也。否則不以此論。

壬源賦

河圖呈象。先後陳爻。二氣生於無窮。一理全而有據。理乃達於地戶。氣必貫乎天門。蘊鬼戶之玄機。藏人門之妙用。夫人生於世者。有內造外造。理著於書者。有生之克之。或窮或通。或夭或壽。生尅制化。究至理於無窮。旺相休囚。施妙用於不盡。冲宮識禍福之先後。合鄉呈吉凶之緩急。某運凶。某運吉。見爻於冲地。此時窮。彼時通。呈象於合宮。問三合。識其要略。究六合。曉其統宗。各宮之神煞。復以生尅爲用。一生之窮通。還以制化爲先。合宮吉而終吉。冲宮凶而終凶。窺大運。聊知禍福之表裏。依小限。極詳吉凶之精粗。大限小限。咸要生身生命。本宮對宮。俱喜多情多意。命坐冲宮。動搖知無寧日。身坐祿馬。顯耀知有定期。倘命在冲。身在合。看神煞而以資判斷。或命在合。身在冲。得生尅而知獲全功。干支之神。固爲緊要。發用之神。更須關情。其中之妙理。務在變通。若執一途。究有何益。

造機賦

夫無聲無臭者。造化體虛之妙。成物成人者。陰陽斡運之功。欲推身命。先察格局。人有妙局奇格。理當正取旁通。勿以有格有局而頓以貴許。無格無局而概以貧稱。蓋有格有局。亦有貧窮寒士。無格無局。亦有富貴賢人。然有格局者。宜觀其爲成爲破。不入格局者。宜詳其有情無情。遇破者雖有格而不貴。有情者縱無局而不貧。要詳於生旺比合。更究其破害刑沖。如跨虎騎龍。遇刑尅反斷爲尋常之輩。而一氣全局。遭刑害豈推作出奇之人。龍化蛇。虎化狸。失勢爲朱門餓殍。蛇化龍。狸化虎。得地爲白屋公卿。跨龍得仕。方推爲常居帝里。乘龍乘御。反許其必務農商。隻騎龍背。最怕孤虛壞格。二龍御命。嵩忻德祿扶宮。乘虎登天。防中途而遇害。隻騎虎背。喜大道之爲亨。入天門者。喜其明而惡其暗。司天門者。憎乎閉而愛乎開。履虎尾人人迴避。其危立虎首。個個爭逞其威。地戶之分。嫌守欲拱。朱雀之辨。惡束喜騰。鎮居中央。審其或薄或厚。穩坐四維。究其有情無情。朱勾拱拜。詳衰旺而福禍立見。魁甲交貫。參喜忌而成敗立分。至於三合入格。無不喜憎。隔角成局。亦有公私。蓋庚星呈瑞。乃從革之號。祥光播拱。是炎上之名。帶德祿位重權高。無破壞喜優財足。帝座淵穆。潤下生身。多富貴。靑帝施恩。曲直扶命。必崢嶸。北斗司權。無破必少登科甲。南極獻圖。有成定早步青雲。西方專美。喜有氣而得